Economia
internacional

Central de Qualidade — FGV Management
ouvidoria@fgv.br

SÉRIE COMÉRCIO EXTERIOR E NEGÓCIOS INTERNACIONAIS

Economia internacional

Robson Ribeiro Gonçalves
Mario Rubens de Mello Neto
Nora Raquel Zygielszyper
Virene Roxo Matesco

ISBN: 978-85-225-1357-4
Copyright © 2013 Robson Ribeiro Gonçalves, Mario Rubens de Mello Neto, Nora Raquel Zygielszyper, Virene Roxo Matesco

Direitos desta edição reservados à
EDITORA FGV
Rua Jornalista Orlando Dantas, 37
22231-010 — Rio de Janeiro, RJ — Brasil
Tels.: 0800-021-7777 — (21) 3799-4427
Fax: (21) 3799-4430
e-mail: editora@fgv.br — pedidoseditora@fgv.br
web site: www.fgv.br/editora

Impresso no Brasil / *Printed in Brazil*

Todos os direitos reservados. A reprodução não autorizada desta publicação, no todo ou em parte, constitui violação do copyright (Lei nº 9.610/98).

Os conceitos emitidos neste livro são de inteira responsabilidade dos autores.

1ª edição, 2013.

Revisão de originais: Sandra Frank
Editoração eletrônica: FA Editoração
Revisão: Fatima Caroni e Aleidis de Beltran
Capa: aspecto:design
Ilustração de capa: Fesouza

>Gonçalves, Robson Ribeiro
>   Economia internacional / Robson Ribeiro Gonçalves...[et al.]. — Rio de Janeiro : Editora FGV, 2013.
>   156 p. — (Comércio exterior e negócios internacionais (FGV Management))
>
>   Em colaboração com: Mario Rubens de Mello Neto, Nora Raquel Zygielszyper, Virene Roxo Matesco.
>   Publicações FGV Management.
>   Inclui bibliografia.
>   ISBN: 978-85-225-1357-4
>
>   1. Comércio internacional. 2. Relações econômicas internacionais. 3. Política tributária. 4. Política monetária. 5. Câmbio. I. Melo Neto, Mario Rubens de. II. Zygielszyper, Nora Raquel. III. Matesco, Virene. IV. FGV Management. V. Fundação Getulio Vargas. VI. Título. VII. Série.
>
>   CDD — 382

Aos nossos alunos e aos nossos colegas docentes, que nos levam a pensar e a repensar nossas práticas.

Os autores agradecem a contribuição crítica de Roberto Aragão.

Sumário

Apresentação 11

Introdução 15

1 | Teorias e práticas de comércio internacional 19

Escassez e custo de oportunidade: elementos iniciais da análise 20

Origens da teoria do comércio internacional: breve referência histórica 22

O modelo gravitacional 24

A teoria das vantagens comparativas 26

Novas teorias do comércio internacional 33

Algumas práticas protecionistas 38

Resumo 41

Exercícios de revisão 41

2 | **Microeconomia: teoria e aplicações aos negócios internacionais** 43

    O escopo da análise microeconômica 44

    O caso dos mercados competitivos e as leis de oferta e demanda 44

    Outros fatores de influência 48

    Duas aplicações ao comércio exterior: elasticidades da demanda 51

    Monopólio: um caso particular de interesse 56

    Teoria dos jogos e práticas protecionistas: mais uma aplicação 61

    Transitando da micro para a macroeconomia 63

    Resumo 64

    Exercícios de revisão 65

3 | **Indicadores de desempenho macroeconômico** 67

    Mensuração da atividade econômica 68

    Ciclo e tendência: o PIB no curto e no longo prazos 74

    Determinantes da demanda agregada: o PIB no curto prazo 82

    Resumo 85

    Exercícios de revisão 86

4 | **Gestão macroeconômica: as políticas fiscal, monetária e creditícia** 89

    Política fiscal e finanças públicas 90

    Política monetária e índices de inflação 94

    Os compulsórios e a política creditícia 105

    Resumo 108

    Exercícios de revisão 109

5 | O mercado cambial e as instituições do comércio internacional 111
A contabilidade externa 112
Determinantes das relações comerciais e financeiras 116
Regimes cambiais 121
O caso do regime cambial brasileiro atual 123
Taxa de câmbio: nominal e real 127
Acordos de comércio internacional e a Organização Mundial do Comércio (OMC) 131
Resumo 134
Exercícios de revisão 134

Conclusão 137

Referências 139

Apêndice – Respostas dos exercícios de revisão 143

Os autores 153

Apresentação

Este livro compõe as Publicações FGV Management, programa de educação continuada da Fundação Getulio Vargas (FGV).

A FGV é uma instituição de direito privado, com mais de meio século de existência, gerando conhecimento por meio da pesquisa, transmitindo informações e formando habilidades por meio da educação, prestando assistência técnica às organizações e contribuindo para um Brasil sustentável e competitivo no cenário internacional.

A estrutura acadêmica da FGV é composta por nove escolas e institutos, a saber: Escola Brasileira de Administração Pública e de Empresas (Ebape), dirigida pelo professor Flavio Carvalho de Vasconcelos; Escola de Administração de Empresas de São Paulo (Eaesp), dirigida pela professora Maria Tereza Leme Fleury; Escola de Pós-Graduação em Economia (EPGE), dirigida pelo professor Rubens Penha Cysne; Centro de Pesquisa e Documentação de História Contemporânea do Brasil (Cpdoc), dirigido pelo professor Celso Castro; Escola de Direito de São Paulo (Direito GV), dirigida pelo professor Oscar Vilhena Vieira; Escola de Direito do Rio de Janeiro (Direito Rio), dirigida pelo professor Joaquim Falcão; Escola de Economia de São Paulo (Eesp), dirigida pelo professor Yoshiaki Nakano; Instituto Brasileiro de Economia (Ibre), dirigido pelo professor Luiz Guilherme Schymura de Oliveira; e Escola de Matemática Aplicada (Emap), dirigida pela professora Maria Izabel Tavares Gramacho. São diversas unidades com a marca FGV, trabalhando com a mesma filosofia: gerar e disseminar o conhecimento pelo país.

Dentro de suas áreas específicas de conhecimento, cada escola é responsável pela criação e elaboração dos cursos oferecidos pelo Instituto de Desenvolvimento Educacional (IDE), criado em 2003, com o objetivo de coordenar e gerenciar uma rede de distribuição única para os produtos e serviços educacionais produzidos pela FGV, por meio de suas escolas. Dirigido pelo professor Rubens Mario Alberto Wachholz e contando com a direção acadêmica da professora Maria Alice da Justa Lemos, o IDE engloba o programa FGV Management e sua rede conveniada, distribuída em todo o país (ver www.fgv.br/fgvmanagement), o programa de ensino a distância FGV Online (ver www.fgv.br/fgvonline), a Central de Qualidade e Inteligência de Negócios e o programa de cursos Corporativos In Company (ver http://www.fgv.br/fgvincompany). Por meio de seus programas, o IDE desenvolve soluções em educação presencial e a distância e em treinamento corporativo customizado, prestando apoio efetivo à rede FGV, de acordo com os padrões de excelência da instituição.

Este livro representa mais um esforço da FGV em socializar seu aprendizado e suas conquistas. Ele é escrito por professores do FGV Management, profissionais de reconhecida competência acadêmica e prática, o que torna possível atender às demandas do mercado, tendo como suporte sólida fundamentação teórica.

A FGV espera, com mais essa iniciativa, oferecer a estudantes, gestores, técnicos e a todos aqueles que têm internalizado o conceito de educação continuada, tão relevante na era do conhecimento na qual se vive, insumos que, agregados às suas práticas, possam contribuir para sua especialização, atualização e aperfeiçoamento.

Rubens Mario Alberto Wachholz
Diretor do Instituto de Desenvolvimento Educacional

Mario Couto Soares Pinto
Diretor Executivo do FGV Management

Sylvia Constant Vergara
Coordenadora das Publicações FGV Management

Introdução

O objetivo deste livro é oferecer um guia conciso de economia para os atuais e futuros profissionais da área de comércio exterior.

Os negócios internacionais são um campo de interesse crescente, seja para os estudiosos, seja para os profissionais e suas empresas, seja para os governos. O intercâmbio econômico entre as nações tem crescido fortemente nas últimas décadas, tanto no âmbito comercial quanto no financeiro. Como consequência, o grau de interdependência dessas nações se elevou, bem como a complexidade e a velocidade das trocas mercantis e dos fluxos de capital.

Alguns números ajudam a ilustrar essa dinâmica. Ao longo da primeira década do século XXI, o comércio internacional cresceu cerca de 9,5% ao ano, em média, segundo dados do Fundo Monetário Internacional (FMI). No mesmo período, a corrente de comércio brasileira, isto é, a soma de importações mais exportações, passou de US$ 60 bilhões para cerca de US$ 265 bilhões, de acordo com o Banco Central do Brasil (BC). Somente no ano de 2012, segundo a mesma fonte, ingressaram liquidamente no país mais de US$ 70 bilhões em capitais estrangeiros, e a corrente de comércio foi de mais de US$ 465 bilhões.

Vemos que não faltam razões para que você, leitor, se dedique à oportunidade de aprendizado oferecida por este livro. A cada capítulo, apresentamos temas direta ou indiretamente relacionados com o comércio externo e os fluxos de capital entre países. Nosso objetivo é colocar o estudo da ciência econômica em um contexto global, explicitando como a ação de pessoas, empresas e governos molda e ao mesmo tempo é influenciada pelos negócios internacionais.

Para isso, organizamos o texto em cinco capítulos, para além desta introdução.

O capítulo 1 é dedicado à discussão de aspectos teóricos e de algumas práticas do comércio exterior. São apresentados os fundamentos da chamada teoria das vantagens comparativas, a qual é contrastada, em seguida, com abordagens alternativas (as novas teorias de comércio) e com algumas práticas comerciais correntes.

O capítulo 2 apresenta elementos de microeconomia e teoria dos jogos, com diversas aplicações. Juntamente com as teorias de comércio, apresentadas no capítulo anterior, a discussão microeconômica forma a base teórica da disciplina economia internacional.

No capítulo 3, passamos ao campo da macroeconomia, apresentando e discutindo indicadores relacionados à atividade econômica e à evolução dos preços, os quais nos permitem avaliar de forma comparativa o desempenho dos diversos países em termos de crescimento e inflação.

O capítulo 4 é dedicado à gestão macroeconômica, isto é, aos mecanismos de que fazem uso os governos para promover a estabilidade e o crescimento, com destaque para as chamadas políticas fiscal e monetária.

Por fim, no capítulo 5, voltamos ao tema das relações econômicas internacionais, mas por outra ótica. Apresentamos, de forma sistemática, conceitos centrais como taxa de câmbio e balanço de pagamentos, relevantes tanto para os agentes envolvidos com os negócios externos quanto para a própria gestão macroeconômica. Também destacamos os organismos internacionais vinculados ao comércio, com destaque para a Organização Mundial do Comércio (OMC).

Um capítulo com a conclusão encerra o texto.

1

Teorias e práticas de comércio internacional

O comércio exterior, a interpendência das nações e o impacto das trocas internacionais na vida de todos nós são temas que sempre interessaram aos economistas. Essas questões têm sido analisadas desde Adam Smith (1723-1790), pai da ciência econômica, e permanecem relevantes em nossos dias.

Neste capítulo, nosso foco será a chamada teoria das vantagens comparativas, referência essencial para a discussão e a análise das relações comerciais entre os países, como também para a atuação dos organismos internacionais dedicados ao comércio internacional.

O objetivo essencial é mostrar, como já afirmava Smith, que as trocas comerciais podem ser amplamente benéficas para pessoas e países. Elas permitem que cada um busque se especializar naquilo que faz ou produz de melhor, utilizando o mercado como mecanismo para satisfazer de forma eficiente suas demais necessidades materiais.

Juntamente com o capítulo 2, dedicado à microeconomia, a teoria de comércio exterior, tratada a seguir, forma o alicerce para a discussão da disciplina de economia internacional.

> Ao final do presente capítulo, é importante que você, leitor, esteja certo de ter compreendido os seguintes elementos: vantagens absolutas e comparativas, custo de oportunidade (na escolha dos agentes econômicos), ganhos e perdas nas relações de comércio entre países e as estratégias comerciais das nações engajadas no comércio exterior.

Escassez e custo de oportunidade: elementos iniciais da análise

A economia estuda a lógica da ação dos agentes (consumidores, empresas, governos) com vistas à satisfação de desejos e necessidades materiais em um contexto de escassez. Mas, afinal, o que os economistas entendem por escassez? Não se trata de uma situação de carência absoluta ou desabastecimento, como a palavra muitas vezes sugere. A escassez, em sentido econômico, é relativa e decorre do confronto entre recursos materiais limitados e desejos humanos potencialmente infinitos.

Assim, cada família, bem como cada empresa e cada país, defronta-se com a necessidade de fazer escolhas, alocando esses recursos escassos entre fins alternativos, sempre tendo em vista a máxima satisfação (utilidade) ou o máximo lucro. Nosso tempo, nossa renda, o capital das empresas e a terra disponível não são infinitos e, sendo assim, precisamos fazer escolhas quanto à alocação desses recursos. Cada vez que uma família escolhe utilizar parte de sua renda para adquirir um carro novo, por exemplo, esse recurso não estará mais disponível para nenhum outro tipo de gasto ou aplicação financeira.

Portanto, a cada escolha feita, estamos abrindo mão de algo, isto é, das demais oportunidades que estavam disponíveis no momento da escolha. Isso significa que as escolhas têm sempre um custo, mensurado pelas alternativas que deixamos de lado. Esse custo é chamado de custo de oportunidade, conceito fundamental no entendimento da teoria do comércio e da microeconomia, tratado no capítulo 2.

> O custo de uma escolha econômica pode ser mensurado por aquilo de que temos que abrir mão para obter algo. Esse é o custo de oportunidade dessa ação.

Um exemplo ajuda a ilustrar essa abordagem. Vamos supor que um empresário seja dono de uma fábrica que produz insumos para a construção civil. Com o aumento dessa atividade no país, ele observa uma demanda crescente por seus produtos e, por isso, passa a auferir lucros que aplica numa instituição financeira, com rendimento de 6% ao ano de juros. Esse empresário, no entanto, está vivendo um momento de decisão. Ele estima que seu setor continuará em expansão, mas sua empresa já está operando no limite da capacidade. Ele precisa decidir se mantém o dinheiro aplicado no banco ou se investe na expansão de capacidade produtiva da empresa. Cada uma das alternativas, caso venha a ser a escolhida, o obriga a abrir mão da outra possibilidade de aplicação dos lucros da empresa. O empresário irá pautar sua decisão na comparação dos custos de oportunidade de cada escolha:

❏ o custo de oportunidade de escolher expandir a empresa é a rentabilidade do capital que ele vai deixar de ganhar na aplicação financeira (6% ao ano).
❏ o custo de oportunidade de aplicar os recursos monetários no banco é a rentabilidade estimada que a expansão da capacidade produtiva da empresa traria no futuro.

A lógica econômica diz que o empresário deve escolher a opção que possui o menor custo de oportunidade.

Tempo, renda e capital utilizados na produção de bens e serviços terão uma alocação ótima do ponto de vista econômico caso o custo de oportunidade das escolhas feitas seja continuamente minimizado. Mas isso exige que cada pessoa ou empresa se concentre em fazer aquilo que resulta no menor custo, utilizando o mercado como mecanismo para obter os demais bens e serviços de que necessitam. Isso quer dizer que pessoas e empresas se especializam em algum tipo de produção e fazem trocas.

A especialização e as trocas permitem um ganho de eficiência e bem-estar. O que é verdade para famílias e empresas também é verdade para países, e é isso o que demonstra a teoria das vantagens comparativas que analisaremos a seguir.

Origens da teoria do comércio internacional: breve referência histórica

As bases das teorias de comércio externo remontam aos dois primeiros grandes economistas da história: o escocês Adam Smith (1723-1790) e o inglês David Ricardo (1772-1823).

Em sua grande obra, *A riqueza das nações*, publicada em 1776, Smith defendeu as virtudes da especialização e das trocas comerciais como forma de distribuir a produção dos vários segmentos da economia e dos vários profissionais envolvidos nessa produção. Logo no capítulo inicial de sua obra, considerada o marco de nascimento da ciência econômica, encontramos esse argumento expresso da seguinte forma:

> Não é da benevolência do açougueiro, do cervejeiro ou do padeiro que esperamos obter nosso jantar, mas do egoísmo deles. Dirigimo-nos não à sua humanidade, mas ao seu autointeresse e nunca lhes falamos das nossas próprias necessidades, mas das vantagens que advirão para eles. [...]
>
> Entre os homens, os caracteres e habilidades mais diferentes são úteis uns aos outros; as produções diferentes dos respectivos

talentos e habilidades, em virtude da capacidade e propensão geral ao intercâmbio, ao escambo e à troca, são como que somados em um cabedal comum, no qual cada um pode comprar qualquer parcela da produção dos talentos dos outros, de acordo com suas necessidades [Smith,1988:17, 24].

David Ricardo, o principal economista da geração posterior a Smith, aperfeiçoou esse argumento, estendendo-o ao âmbito do comércio internacional. Ricardo deu à teoria do comércio exterior um *status* próprio, separado das vantagens imediatas das trocas mercantis apontadas por Smith. Mais ainda, Ricardo (1988, cap. VII) explicitou com clareza o argumento da teoria das vantagens comparativas em sua obra *Princípios de economia política e tributação*. Como veremos na seção "A teoria das vantagens comparativas", o autor demonstrou que, para que um país se beneficie das trocas internacionais, não é necessário que tenha maior produtividade absoluta em relação aos países parceiros. Ainda que o custo absoluto na produção de todos os bens comercializáveis seja mais alto em um dado país, ele pode ter ganhos com o comércio externo, bem como seus parceiros.

O modelo das vantagens comparativas foi utilizado por David Ricardo como argumento no Parlamento inglês em favor da revogação da chamada Lei dos Cereais (*corn laws*). Essa legislação restringia as importações de trigo pela Inglaterra, encarecia o custo de vida dos operários e obrigava os industriais a pagarem salários mais elevados. Apesar de ser ele próprio um grande proprietário de terras, Ricardo mostrou que a revogação das tarifas que incidiam sobre o trigo importado beneficiaria a nação como um todo. Com isso, tornou-se grande defensor do livre-comércio e inaugurou a era da utilização da teoria econômica como guia para decisões de caráter político.

Vamos analisar a contribuição de Ricardo na seção que trata da teoria das vantagens comparativas, mas, antes, na próxima seção, vamos tratar do chamado modelo gravitacional, uma forma simples de explicar padrões de comércio exterior e a constituição de parcerias de comércio entre países.

O modelo gravitacional

A análise proposta pelo modelo gravitacional parte de uma constatação simples e que emerge diretamente da inspeção da lista de trocas comerciais dos países. Apesar dessa simplicidade, o modelo faz afirmações precisas quanto ao padrão de constituição das parcerias entre países no comércio exterior. Seguindo essa lógica empírica, vamos observar os números do comércio exterior brasileiro, apresentados no quadro 1.

Como você pode notar, leitor, listamos os 20 principais parceiros comerciais brasileiros em termos de exportação e importação nos anos de 2010 e 2011. Analise a lista com cuidado. Você consegue identificar algum padrão? Pois é exatamente isso que a teoria gravitacional busca identificar e explicar.

Observe, leitor, que o número de países desenvolvidos que aparece em nossa lista é muito próximo ao número de países em desenvolvimento, muito embora o número de países desenvolvidos no mundo seja muito inferior ao de países em desenvolvimento. Ao mesmo tempo, a lista sugere que o Brasil faz trocas comerciais mais intensas com os países da América e da Europa do que com os países da Ásia e da Oceania. Mas por quê?

O modelo proposto originalmente por Tinbergen (1962) constata que o fluxo de comércio entre países tem características gravitacionais, isto é, depende do tamanho e da proximidade entre os diferentes mercados nacionais. Assim, de modo análogo às leis físicas da gravitação, o modelo gravitacional do comércio nos diz que a dimensão do fluxo de comércio entre dois países será proporcional ao tamanho de suas economias e inversamente proporcional à distância entre seus mercados.

Apesar de extremamente simples, esse modelo tem grande aderência aos dados de comércio externo nos mais diferentes países. A partir dele é possível explicar, por exemplo, por que a China passou a ocupar posição de destaque na pauta de comércio brasileira nas últimas décadas. Isso ocorreu na medida em que, apesar da distância geográfica, o PIB chinês entrou em forte trajetória expansiva, ocupando hoje a segunda posição no *ranking* mundial.

Quadro 1
EXPORTAÇÕES E IMPORTAÇÕES BRASILEIRAS POR PAÍS DE DESTINO E ORIGEM (EM US$ BILHÕES)

Países	Exportação		Importação	
	2010	2011	2010	2011
China	30,79	44,31	25,60	32,79
EUA	19,31	25,80	27,04	33,97
Argentina	18,52	22,71	14,43	16,91
Alemanha	8,14	9,04	12,55	15,21
Japão	7,14	9,47	6,99	7,87
Países Baixos	10,23	13,64	1,77	2,27
Coreia do Sul	3,76	4,69	8,42	10,10
Itália	4,24	5,44	4,84	6,22
Chile	4,26	5,42	4,18	4,55
França	3,58	4,32	4,80	5,46
Nigéria	0,86	1,19	5,92	8,39
Índia	3,49	3,20	4,24	6,08
México	3,72	3,96	3,86	5,13
Reino Unido	4,63	5,20	3,16	3,38
Espanha	3,87	4,67	2,77	3,30

Continua

Países	Exportação		Importação	
	2010	2011	2010	2011
Rússia	4,15	4,22	1,91	2,94
Canadá	2,32	3,13	2,71	3,56
Arábia Saudita	3,10	3,48	2,06	3,09
Venezuela	3,85	4,59	0,83	1,27
Taiwan	1,74	2,30	3,10	3,51

Fonte: Boletim do Banco Central do Brasil, maio 2012. Disponível em: <www.bcb.gov.br>. Acesso em: 2 jul. 2012.

As limitações do modelo gravitacional são claras. Ele serve tão somente como uma referência simples e intuitiva para explicar o volume de comércio entre países. Já a teoria das vantagens comparativas, analisada na seção a seguir, oferece uma referência teórica bem mais consistente, explicitando as vantagens das trocas comerciais.

A teoria das vantagens comparativas

A noção de custo de oportunidade, apresentada na primeira seção deste capítulo, permite colocar lado a lado dois conceitos distintos: vantagem absoluta e vantagem comparativa. A diferenciação entre esses dois elementos está na base do argumento de David Ricardo e serve até hoje como fundamento das teorias de comércio externo.

Assim, quando os países realizam trocas mercantis, a lógica da especialização guiada pela busca do menor custo de oportunidade permanece válida. Isso não significa que cada país deva se especializar na produção daquilo que tem o menor custo absoluto (ou maior produtividade) em comparação com as demais nações. Fosse assim, alguns países menos desenvolvidos simplesmente não teriam o que comercializar no mercado internacional.

> Ter vantagem absoluta na produção de algum bem ou serviço é ter maior produtividade.
>
> Ter vantagem comparativa na produção de algum bem ou serviço é ter o menor custo de oportunidade.

Imaginemos duas nações que chamaremos de país A e país B. Vamos supor que ambos produzem dois produtos: tecido e vinho, utilizando o recurso tempo (40 horas semanais) para a produção:

- os trabalhadores do país A necessitam de uma hora de trabalho para produzir 1.000 m de tecido e oito horas para a produção de 1.000 l de vinho.
- já os trabalhadores do país B necessitam de 20 horas para produzir 1.000 m de tecido e 10 horas para produzir 1.000 l de vinho.

O quadro 2 resume esses números. Os trabalhadores do país A têm maior produtividade nos dois produtos, já que produzem mais vinho e mais tecido por hora de trabalho. Dizemos que, nesse caso, o país A possui vantagem absoluta na produção de vinho e também na de tecido.

Quadro 2
PRODUTIVIDADE E CUSTO DE PRODUÇÃO EM DOIS PAÍSES: EXEMPLO NUMÉRICO

	\multicolumn{2}{c}{Tempo necessário para obter}	\multicolumn{2}{c}{Quantidade produzida em uma hora de trabalho}
	1.000 m de tecido	1.000 l de vinho	Tecido	Vinho
País A	1 h	8 h	1000 m	125 l
País B	20 h	10 h	50 m	100 l

Mas, e quanto à vantagem comparativa? Para sabermos quem tem vantagem comparativa em cada produto precisamos calcular o custo de oportunidade de cada país na produção de cada produto.

Como vimos, o custo de oportunidade é o que deixamos de produzir num produto quando optamos por alocar o recurso produtivo (no nosso exemplo, o tempo) na produção do outro produto. Temos então:

(a) *custo de oportunidade na produção de 1.000 m de tecido:*
  país A: para produzir 1.000 m de tecido o país A utiliza uma hora. Como A gasta oito horas para produzir 1.000 l de vinho, nessa uma hora utilizada na produção de tecido ele está *deixando de produzir* 125 (125 = 1.000 / 8) l de vinho. Portanto, como mostrado no quadro 3, o custo de oportunidade para o país A na produção de 1.000 m de tecido é 125 l de vinho;
  país B: para produzir 1.000 m de tecido, o país B utiliza 20 horas. Como B gasta 10 horas para produzir 1.000 l de vinho, nessas 20 horas utilizadas na produção de tecido ele está deixando de produzir 2.000 (2.000 = 1.000 × 20 / 10) l de vinho. Portanto, o custo de oportunidade para o país B na produção de 1.000 m de tecido é 2.000 l de vinho.

Quadro 3
CUSTO DE OPORTUNIDADE EM DOIS PAÍSES:
EXEMPLO NUMÉRICO

	Custo de oportunidade para produzir	
	1.000 m de tecido	1.000 l de vinho
País A	125 l de vinho	8.000 m de tecido
País B	2.000 l de vinho	500 m de tecido

Chegamos à conclusão de que o país A tem menor custo de oportunidade do que o país B na produção de tecido. Em outras palavras, no país A, aumentar a produção de tecido envolve um sacrifício menor em termos de vinho. Portanto, o país A possui vantagem comparativa na produção de tecido.

(b) *Custo de oportunidade na produção de 1.000 l de vinho:*
país A: para produzir 1.000 l de vinho o país A utiliza oito horas. Como A gasta uma hora para produzir 1.000 m de tecido, nessas oito horas utilizadas na produção de vinho ele está deixando de produzir 8.000 (1.000 × 8) m de tecido. Assim, o custo de oportunidade para o país A na produção de 1.000 l de vinho é 8.000 m de tecido;
país B: para produzir 1.000 l de vinho, o país B utiliza 10 horas. Como B gasta 20 horas para produzir 1.000 m de tecido, nessas 10 horas utilizadas na produção de vinho ele está deixando de produzir 500 (1.000 × 10 / 20) m de tecido. Portanto, o custo de oportunidade para o país B na produção de 1.000 l de vinho é 500 m de tecido.

Chegamos à conclusão de que o país B tem menor custo de oportunidade do que o país A na produção de vinho e, então, o país B possui vantagem comparativa na produção de vinho.

Apesar de A possuir vantagem absoluta (menor custo absoluto) nos dois produtos, A possui vantagem comparativa na produção de tecido e B possui vantagem comparativa na produção de vinho. Sempre que comparamos dois países e a produção de dois bens, se concluirmos que um desses países tem menor custo de oportunidade na produção de um bem, necessariamente o outro país terá menor custo de oportunidade na produção do outro bem. É matematicamente impossível que um país tenha vantagem comparativa em todos os produtos.

Dessa análise resulta uma conclusão de grande interesse para as relações internacionais:

> Haverá ganhos para ambos os países caso eles se especializem na produção do bem com menor custo de oportunidade e façam trocas comerciais com o excedente.

Para provar essa afirmação a partir de nosso exemplo numérico, vamos imaginar uma troca comercial na qual A troque com B 3.000 m de tecido por 1.000 l de vinho. Será que os dois países estarão mesmo obtendo ganhos com tal troca?

Para verificarmos se acontecem ganhos com o comércio, vamos supor inicialmente que os países se neguem a negociar e ambos produzam os dois produtos, não havendo trocas. Vamos supor que existam 80 horas de trabalho a serem alocadas e que cada país dedique 40 horas à produção de cada produto. Esses dados estão reunidos na parte superior do quadro 3.

Não havendo comércio, o país A irá produzir e consumir 40.000 m de tecido e 5.000 l de vinho. No país B, esses números seriam 2.000 m e 4.000 l, respectivamente.

No país A, para cada hora de trabalho é possível produzir 1.000 m de tecido ou 125 l de vinho. Assim, dito de outra forma, para cada hora de trabalho deslocada da produção de vinho para a produção de tecido, esse país deixa de produzir 125 l de vinho, mas produz mais 1.000 m de tecido. No país B, cada hora de trabalho alocada produz 50 m de tecido ou 100 l de vinho. Assim, sacrificando apenas 50 m de tecido, o país B pode produzir mais 100 l de vinho realocando cada hora de trabalho.

Assim, podemos dizer que o país A tem maiores níveis absolutos de produtividade na produção de ambos os bens, mas o país B tem vantagem comparativa na produção de vinho. Os ganhos decorrentes das trocas comerciais podem ser ilustrados com os dados do quadro 4.

Quadro 4
GANHOS DE COMÉRCIO EM DOIS PAÍSES: EXEMPLO NUMÉRICO

		País A		País B	
		Tecido 40 h	Vinho 40 h	Tecido 40 h	Vinho 40 h
Sem comércio externo	Produção	40.000 m	5.000 l	2.000 m	4.000 l
	Consumo	40.000 m	5.000 l	2.000 m	4.000 l

		País A		País B	
		Tecido 48 h	Vinho 32 h	Tecido 15 h	Vinho 65 h
Com comércio externo	Produção	48.000 m	4.000 l	750 m	6.500 l
	Exportação	3.000 m	–	–	1.500 l
	Importação	–	1.500 l	3.000 m	–
	Consumo	45.000 m	5.500 l	3.750 m	5.000 l

Note, leitor, que o país A alocou oito horas adicionais para a produção de tecido quando pôde realizar trocas comerciais, e sua produção passou para 48.000 m. Essas horas foram retiradas da produção de vinho, e a produção desse bem no país A caiu para 4.000 l. Ainda que o país A exporte 3.000 m de tecido, poderá consumir mais do que na situação inicial, sem comércio externo.

O mesmo exemplo pode ser analisado por meio da chamada "fronteira de possibilidade de produção". Essa fronteira é representada na figura 1 na forma da linha diagonal em todos os quatro gráficos.

Note, leitor, que o máximo que o país A pode produzir de tecido em 80 horas são 80.000 m e o máximo que esse país pode produzir de vinho com as mesmas horas de trabalho são 10.000 l. No caso do país B, esses valores máximos são de 4 mil e 8 mil, respectivamente. Na ausência de comércio exterior, a fronteira de possibilidade de produção mostra as combinações máximas possíveis em termos de produção e consumo de cada bem para cada país. Duas dessas combinações possíveis são mostradas nos gráficos da parte superior da figura 1 e correspondem exatamente aos valores da parte superior do quadro 4.

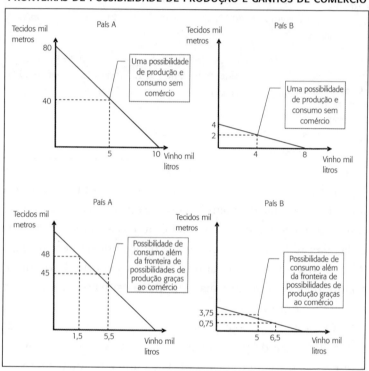

Figura 1
FRONTEIRAS DE POSSIBILIDADE DE PRODUÇÃO E GANHOS DE COMÉRCIO

Havendo comércio, o país A produzirá mais tecido e menos vinho, mas poderá consumir em um ponto além da fronteira de possibilidade de produção, pois estará importando vinho e exportando tecido. Algo semelhante acontece com o país B, o qual exportará o excedente de vinho e importará parte da produção extra de tecido do país A.

Note que o país B deslocou 25 horas para a produção de vinho, aumentando o volume produzido para 6.500 l. Mesmo exportando 1.500 l, passa a consumir mais do que na situação inicial sem trocas comerciais. Ao mesmo tempo, com as importações, o país A está consumindo mais vinho, e o país B, mais tecido.

A partir dos dados do quadro 3, convidamos você, leitor, a observar que o país A também teve ganhos em termos do consumo de vinho e que o país B, graças às trocas comerciais, também pôde consumir mais tecido. Esteja atento, ainda, para a correspondência entre os dados do quadro 3 e sua representação gráfica na figura 1.

Apesar da força argumentativa do modelo ricardiano e da demonstração das vantagens das trocas internacionais, a partir do final do século XX começaram a surgir as chamadas "novas teorias do comércio internacional", muitas delas trazendo críticas ao livre-comércio. Esse novo conjunto teórico será analisado na próxima seção.

Novas teorias do comércio internacional

A questão fundamental que as novas teorias pretendem responder é: se o livre-comércio traz benefícios para a nação como um todo, por que se verificam tantos protestos contra a abertura da economia e presenciamos uma guerra aparentemente infindável entre defensores do livre-comércio e do protecionismo? Um dos principais economistas evolvidos nessa linha de pesquisa é o norte-americano Paul Krugman (nascido em 1953), ganhador do Nobel de Economia em 2008.

Segundo as análises do autor, o motivo principal para a oposição ao livre-comércio é que, apesar do ganho potencial para o país como um todo, a exposição de uma economia às trocas internacionais cria internamente perdedores e ganhadores. A abertura ao comércio altera o preço relativo dos diversos bens da economia, aumentando o preço dos bens que são exportados e reduzindo o preço dos bens que passam a ser importados.

Assim, os setores exportadores têm sua parcela de renda elevada por conta do comércio enquanto os setores mais afetados pelas importações têm sua renda reduzida. Uma das teorias que fundamenta essa análise, demonstrando a importância do balanço de perdas e ganhos, é o chamado modelo de fatores específicos (Krugman e Obstfeld, 2001, cap. 3) que vamos analisar a seguir.

O modelo de fatores específicos e a preferência pela diversidade.

Aproveitando o exemplo da seção anterior, vamos imaginar que, enquanto não havia comércio externo, tanto o país A quanto o país B produziam tecido e vinho. Com base no modelo ricardiano, concluímos que, a partir da abertura comercial, cada país passará a produzir mais do bem em relação ao qual possui vantagens comparativas. Em nosso exemplo numérico, o país B passou a produzir mais vinho. A pergunta que cabe é: o que acontecerá com aqueles que produziam tecido nesse país? A resposta do modelo ricardiano seria: eles vão produzir vinho.

A realidade que o modelo de fatores específicos incorpora é que aqueles que produziam tecido possuíam diversas formas de capital (máquinas, recursos naturais, *know-how* etc.) para fazer tecido que não podem ser convertidas do dia para a noite em capital para fazer vinho. Isso significa que essas empresas e pessoas estarão sendo prejudicadas pela concorrência externa e não necessariamente serão beneficiadas com a abertura comercial em nenhum momento.

Esse tipo de análise explica diversas das práticas protecionistas que vigoram nos mais diferentes países até hoje, como veremos na seção que aborda as práticas protecionistas.

Adicionalmente, a especialização decorrente da abertura comercial pode fazer desaparecerem setores inteiros da economia, precisamente aqueles com "desvantagens" comparativas.

Krugman (1994a) argumenta que, em muitos países, é possível notar grande preferência pela diversidade produtiva, ainda que à custa de menores ganhos em termos de potencial total de consumo, elemento central da teoria das vantagens comparativas. Um exemplo pode ajudar a esclarecer a tese do autor.

Suponha, leitor, que o Brasil praticasse o livre-comércio. Assim, todos os produtos importados pagariam uma mesma alíquota de imposto de importação. Essa seria baixa e seu objetivo seria apenas contribuir com a arrecadação total de impostos, mas não barrar a entrada de importados.

Agora, suponha que, nesse cenário, os vinhos chilenos e argentinos chegassem ao país com preços extremamente mais baixos do que os produzidos no Rio Grande do Sul, por exemplo. Isso seria resultado da maior produtividade relativa desses países vizinhos no setor vinícola. Talvez um consumidor em São Paulo ou no Rio de Janeiro abandonasse definitivamente o consumo de vinhos gaúchos em favor dos importados. Mas é razoável supor que, por questões culturais e tradicionais, os próprios gaúchos, tanto no Rio Grande do Sul quanto em outros estados brasileiros, continuassem consumindo o vinho de sua terra. Mais ainda, consumidores espalhados por todo o Brasil, gaúchos ou não, poderiam concluir que é bom variar de vez em quando e o vinho gaúcho é uma boa alternativa para garantir essa diversidade.

O mesmo vale para as pequenas propriedades rurais européias. Os países da região adotam práticas protecionistas com relação à importação de alimentos com vistas a impedir o desaparecimento dessas propriedades familiares consideradas um elemento valioso em termos culturais e de diversidade. A seção seguinte explora em mais detalhes essas práticas.

A defesa da indústria nascente

Outro argumento contra o livre-comércio, muito utilizado ao longo do processo de industrialização na América Latina, refere-se à necessidade de defender setores nascentes. Nesse sentido, países continuamente expostos à competição internacional poderiam "sufocar" segmentos que, se devidamente protegidos, acabariam se tornando competitivos anos à frente.

Essa tese foi retomada, entre outros, pelo Nobel de Economia do ano de 2001, o americano Joseph Stiglitz (nascido em 1943). Esses autores argumentam que, sobretudo nos países menos desenvolvidos, os governos devem proteger setores considerados estratégicos para que estes tenham tempo de se aprimorar e concorrer com o exterior. Com base nessa tese, é comum que mesmo indústrias antigas peçam proteção temporária do seu mercado para se adaptar a novas tecnologias e condições.

Confrontando essa análise com a teoria das vantagens comparativas, podemos dizer, por exemplo, que o fato de um país A ter instalado determinada indústria primeiro geraria uma barreira à entrada de concorrentes de outros países no mercado internacional. Caso fosse protegida durante algum tempo, essa mesma indústria poderia se tornar comparativamente mais produtiva em um país B caso tivesse tempo de desenvolver seu potencial de aprendizagem, ganhando escala e eficiência com a experiência. Assim, no longo prazo, a vantagem comparativa do país B teria sido construída a partir da ação do governo e da aprendizagem.

Muitos economistas não simpatizam com tal prática, pois identificam dificuldades na sua implementação. Os governos teriam de escolher setores para serem os beneficiários da proteção, o que poderia gerar conflitos de interesse dentro do próprio país. Para ser eficiente, a proteção aos setores nascentes deveria trazer, no médio e longo prazos, maiores benefícios do que custos para a nação como um todo. Mas, em alguns casos, a "escolha dos vencedores", como é chamada essa prática, segue outros critérios, oferecendo proteção a indústrias politicamente influentes. E, também por questões políticas, depois de concedida a proteção pelo governo, muitas vezes é difícil a retirada da barreira à importação.

A questão é analisada por Grossman e Helpman (1994), que modelam como as tarifas são estabelecidas. A partir da análise dos autores, é possível identificar dois grupos de interesse dentro de um país que adota quotas: a população, que gostaria que as tarifas fossem as menores possíveis, já que isso reflete no preço que os consumidores pagam pelos bens, e os grupos e instituições que são prejudicados ou beneficiados com o aumento das tarifas. O governo é um agente que intermedia os interesses e que possui interesses próprios no sentido de se reeleger. A escolha do governo se dará como uma função do tamanho dos setores envolvidos e da sua organização, já que isso implicará maior capacidade de fazer *lobbies*.

Maggi e Rodriguez-Clare (2000) adicionam, à análise de Grossman e Helpman (1994), barreiras não tarifárias, como quotas de importação e restrições voluntárias às exportações. Os dois trabalhos conseguem identificar, de forma muito interessante, quais são as implicações sociais de cada uma dessas barreiras comerciais e, principalmente, como é a reação do governo às diferentes demandas da sociedade.

A construção de vantagens comparativas

Por fim, a nova teoria do comércio internacional argumenta que vantagens comparativas não são algo estático e podem ser construídas. Esse é um elemento que reduz a importância das práticas protecionistas e coloca em destaque a necessidade de estimular investimentos nos segmentos com maior potencial de se tornar competitivos. Muito embora seja verdade que algumas vantagens comparativas não se criam, como recursos naturais ou clima favorável à agricultura, investimentos em educação, novas tecnologias, infraestrutura e logística podem se tornar fontes de vantagens comparativas. Essa visão estratégica do investimento vincula a abordagem das teorias de comércio ao tema mais amplo do desenvolvimento econômico (Stiglitz, 2002).

Assim, por exemplo, o Brasil possui clara vantagem comparativa na produção de grãos, tanto por questões climáticas e extensão de terras aráveis, como por desenvolvimento tecnológico obtido pela Empresa Brasileira para Pesquisa Agropecuária (Embrapa). No entanto, parte desta vantagem se perde com portos ineficientes, burocracia elevada e rodovias saturadas e malconservadas, que encarecem o escoamento e a distribuição da produção nos mercados consumidores finais. Investimentos voltados a sanar essas ineficiências podem ampliar nossas vantagens comparativas na produção de grãos, mas também podem beneficiar outros setores da economia.

Algumas práticas protecionistas

Apesar dos esforços da OMC (Organização Mundial do Comércio) no sentido de diminuir as barreiras comerciais entre os países no mundo, ainda é possível perceber uma grande resistência por parte dos países na aceitação dessas iniciativas. Os motivos são muitos, e foram explorados brevemente ao longo deste capítulo. Vamos examinar, agora, as práticas protecionistas mais utilizadas.

Tarifas sobre importações

Tarifas funcionam como impostos sobre a venda de produtos importados no mercado interno e podem ser bastante específicas em termos de produtos ou origens. Por exemplo, o governo brasileiro pode criar uma tarifa sobre sapatos importados da China. Elas têm o efeito de encarecer o produto importado, desencorajando a importação. A oferta interna (disponibilidade interna) encolhe, favorecendo os produtores nacionais, que podem cobrar mais caro. Ganham os produtores nacionais e os trabalhadores do setor e perdem os consumidores nacionais como um todo. Ao menos do ponto de vista específico do acesso a produtos mais baratos. O governo também arrecada mais por impor a tarifa. Essa é a prática mais utilizada pelos países quando querem defender algum setor específico.

Cota de importação

Uma cota é uma quantidade máxima de importação de um bem ou serviço definida por lei. Essa restrição normalmente é operacionalizada por meio da exigência de emissões de licenças de importação. Assim como no caso da tarifa, a quantidade total disponível internamente do bem importado será menor do que seria ofertada em condições de livre-comércio, levando a um preço mais alto. Novamente ganham os produtores nacionais e os trabalhadores do setor e perdem os consumidores nacionais. Aqueles que conseguirem as licenças para comprar dentro da cota serão privilegiados com preços mais baixos, podendo revender no mercado interno a preços mais elevados. Ao contrário da barreira criada por tarifas, o governo acaba não se beneficiando com maior arrecadação e os ganhos são apropriados na forma de lucros mais altos pelos detentores das licenças, sendo chamados de "renda das cotas" (Maggi e Rodriguez-Claire, 2000).

Restrições voluntárias à exportação

Algumas restrições ao comércio têm origem nos países exportadores. Na década de 1980, o Japão foi persuadido pelos

Estados Unidos a limitar voluntariamente as exportações de automóveis para o mercado americano (Krugman, 1994b). Essa medida não desagradou os produtores japoneses, uma vez que os preços dos carros vendidos nos EUA subiram mais do que a redução dos volumes transacionados, fazendo com que as perdas recaíssem sobre os consumidores americanos e os lucros das empresas japonesas fossem mantidos. Na verdade, a limitação funcionou para os produtores de automóveis japoneses como se fosse um cartel legalizado. O acordo entre os dois países começou em 1981 e foi suspenso em 1985 (Krugman e Obstfeld, 2001).

Mais recentemente, Brasil e México viveram situação semelhante, também no segmento automotivo. O Brasil se viu prejudicado com o drástico aumento das importações de carros mexicanos por conta da progressiva liberalização do comércio entre os dois países. Com a valorização do real frente à moeda mexicana, sobretudo depois de 2008, as importações de carros pelo Brasil cresceram rapidamente até 2011. Em 2012, os dois países se comprometeram a estabelecer cotas de exportação mútuas que devem durar por três anos. Durante esse período, a indústria automotiva brasileira terá tempo para realizar investimentos que aumentem sua produtividade de forma a aumentar a competitividade frente às importações.

Outras barreiras não tarifárias

Com o intuito de defender seus produtores sem confrontar diretamente com a OMC, alguns países vêm adotando, mais recentemente, barreiras cujos critérios muitas vezes não são muito claros e objetivos. Podemos citar, por exemplo, a utilização de critérios sanitários que, por diversas vezes, impediram o Brasil de exportar diversos tipos de carnes para países europeus (Stiglitz e Walsh, 2003).

Além disso, também existe a prática dos subsídios, que não são exatamente barreiras, mas que distorcem os preços relativos e podem favorecer algum setor interno em detrimento de setores externos mais eficientes.

Resumo

Neste capítulo vimos os fundamentos da teoria do comércio, enfatizando os ganhos de eficiência na alocação de recursos e no bem-estar das nações com a abertura às trocas internacionais. Analisamos também os ganhos e perdas que essa abertura poder trazer para os diferentes setores de uma economia e para a economia como um todo. O comércio internacional expande o mercado consumidor, cria empregos e renda e tende a aumentar os preços para os setores exportadores. Ademais, indústrias e trabalhadores que produzem para atender à demanda interna podem ver seu mercado encolher com a concorrência das importações.

No próximo capítulo, iremos avançar para o campo da microeconomia, aplicando diversas de suas ferramentas de análise aos negócios internacionais. Por enquanto, apresentamos alguns exercícios de revisão.

Exercícios de revisão

Exercício 1

Os custos de oportunidade são importantes para nortear as decisões estratégicas das empresas em produzir bens e serviços em geral, e os transacionáveis em especial. Explique por que isto ocorre.

Exercício 2

Admita que dois países com níveis de industrialização distintos comercializam entre si. Embora o país A seja menos

41

industrializado que o país B, seus trabalhadores trabalham igualmente 40 horas semanais. Admita que os trabalhadores possuam perfeita mobilidade nas tarefas executadas. Com os dados abaixo, calcule o que se pede.

Os trabalhadores do país A colhem 2 mil toneladas de trigo em 10 horas e fabricam 2 mil unidades de celulares em 20 horas. Já os trabalhadores do país B colhem 2 mil toneladas de trigo em oito horas e fabricam 2 mil unidades de celulares em uma hora.

Qual dos países tem vantagens absolutas e comparativas na produção de cada um dos bens? Calcule e comente os resultados.

Exercício 3

Muitas economias dos mais variados níveis de desenvolvimento tendem a praticar medidas de protecionismo comercial como forma de se proteger da concorrência internacional. Explique as principais motivações das práticas protecionistas, bem como os problemas que podem decorrer dessas mesmas práticas.

2

Microeconomia: teoria e aplicações aos negócios internacionais

Depois do contato com as teorias de comércio exterior no capítulo anterior, você, leitor, está convidado a realizar um percurso pelo segundo fundamento da análise desenvolvida neste livro: o campo da chamada microeconomia. Essa é a esfera da teoria econômica que trata das decisões individuais dos agentes que atuam em mercados específicos, sejam eles compradores, também chamados de demandantes (caso típico dos consumidores) ou vendedores, também chamados de ofertantes (caso típico das empresas).

Alguns dos principais conceitos que servem de base à análise microeconômica já foram tratados no capítulo 1, com destaque para a noção de escassez e para o conceito de custo de oportunidade. Os mesmos serão retomados brevemente neste capítulo e retrabalhados tendo em vista sua aplicação específica à microeconomia.

> Ao final do presente capítulo, esteja certo de ter apreendido o significado e a importância dos conceitos de equilíbrio de mercado e elasticidade, bem como da aplicação da Teoria dos Jogos ao comércio internacional.

O escopo da análise microeconômica

O foco da análise microeconômica se refere às decisões dos agentes econômicos nos mercados tendo em vista o uso eficiente dos recursos de que dispõem. Consumidores buscam gastar suas rendas de forma a obter a máxima satisfação, e empresas visam utilizar capital e recursos materiais e humanos de forma a gerar o máximo lucro para seus proprietários.

Porém, partindo dessa motivação de demandantes e ofertantes, a análise econômica se depara com um aparente paradoxo: os interesses de compradores e vendedores que interagem nos mercados são opostos. Quem compra quer pagar o mínimo e quem vende deseja cobrar o máximo. Por isso, a microeconomia se dedica, antes de tudo, à análise dos mecanismos de formação dos preços nos mercados e de como esse processo permite que os agentes econômicos obtenham o máximo possível de satisfação e lucro.

Mais ainda, a ideia de escassez, tratada no capítulo 1, impõe que toda oferta é limitada, fato que se opõe aos anseios de demanda, potencialmente ilimitados. Disso resulta que os desejos humanos se deparam com a necessidade de escolha e, portanto, a produção de um dado bem sempre limita a produção de outros. Em outras palavras, existe um custo de oportunidade na produção de qualquer bem ou serviço, mensurável pelo volume de todos os outros bens e serviços que deixam de ser produzidos para que se possa ofertá-los.

O caso dos mercados competitivos e as leis de oferta e demanda

Nos mercados competitivos, isto é, aqueles nos quais um número grande de ofertantes se defronta com um número também elevado de demandantes e não ocorre a prática de conluios ou cartéis, os preços são o mecanismo por meio do qual a questão da escassez encontra sua solução econômica. Um exemplo simples ajuda a ilustrar o mecanismo de operação desses mercados.

Suponha, leitor, que exista um número limitado de automóveis sendo ofertado em determinado mercado e em dado momento (um mês, por exemplo). Agora imagine que os compradores estão dispostos a adquirir um número de carros que supera essa oferta. Como resolver o problema da escassez? Quem, afinal, irá levar para casa os automóveis disponíveis e quem ficará frustrado?

Nesse caso, estamos diante do típico excesso de demanda. Se os ofertantes puderem agir livremente, irão notar que é possível elevar seus preços, sempre com vistas à maximização de seus lucros. Certamente alguns potenciais compradores desistirão de adquirir um carro, pois o preço mais alto eleva o custo de oportunidade da compra e, portanto, não irá condizer com sua busca pela máxima satisfação. Em algum ponto do processo, vendedores e compradores atingirão um preço de equilíbrio no qual foi atingido o máximo lucro possível (por parte dos ofertantes) e a máxima satisfação possível (por parte dos demandantes).

Se a disposição dos compradores estivesse aquém da oferta de automóveis a dado preço, os vendedores estariam diante do risco de acumular estoques indesejados e, portanto, não estariam atingindo seu lucro máximo possível. Por força dessa ameaça, os ofertantes estariam dispostos a reduzir seus preços, sempre supondo que o mercado é competitivo, isto é, não ocorre a prática de cartel entre os vendedores.

Com essa ilustração simples, nota-se que o mecanismo de mercado é uma forma de tratar o problema da escassez. O ajuste dos preços altera a disposição de comprar e de vender de ofertantes e demandantes. Cada lado do mercado surge como um fator limitante aos anseios do outro. Mas, ao final, chegamos a um resultado ótimo (ou eficiente), dadas essas limitações.

A partir desse exemplo, é possível formular, de maneira intuitiva, as duas leis fundamentais da microeconomia, as quais resumem o padrão de comportamento de demandantes e ofertantes nos mercados.

Lei da demanda:	existe uma relação inversa entre o preço e a quantidade que os demandantes estão dispostos e podem comprar de um dado bem ou serviço.
Lei da oferta:	existe uma relação direta entre o preço e a quantidade que os ofertantes estão dispostos e podem vender de um dado bem ou serviço.

Apesar de sua simplicidade, essas duas leis precisam de algumas qualificações. Antes de tudo, cada uma dessas leis expressa uma relação simples e exclusiva entre preços e quantidades, seja pela ótica de quem compra, seja pela ótica de quem vende. Em outras palavras, as relações expressas nessas leis são válidas desde que outros fatores que interferem sobre as decisões de comprar e vender permaneçam inalterados. Trata-se da famosa hipótese *coeteris paribus*, isto é, de que tudo mais permaneça constante à medida que os preços variam.

Assim, por exemplo, a demanda por um determinado bem ou serviço será tão maior quanto menor for seu preço, exceto se outros fatores que interferem sobre essa decisão forem alterados. Esse seria o caso, entre outros, do lançamento de um produto rival de qualidade superior, da expectativa de surgimento de uma inovação tecnológica que torne esse bem obsoleto ou da alteração das condições de crédito. Assim, ambas as leis são válidas enquanto nenhuma outra variável potencialmente relevante for alterada. Se isso ocorrer, deve-se alterar a análise, como será mostrado logo adiante, ainda neste capítulo.

As leis de oferta e da demanda, expressando relações opostas entre preço e quantidade, podem ser expressas num típico plano cartesiano, gerando a representação gráfica mais usada em microeconomia. Essa representação é mostrada na figura 2. Nela, se observa que tanto ao preço p_1 quanto ao p_2 o mercado não se encontra em equilíbrio, como ilustrado no exemplo do mercado de automóveis, tratado acima.

Figura 2
TENDÊNCIA AO EQUILÍBRIO DE MERCADO

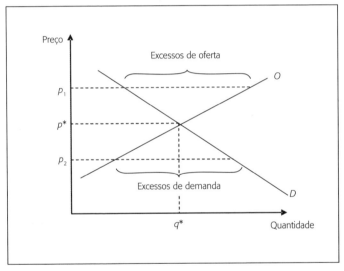

No primeiro caso (preço p_1), a quantidade ofertada é excessiva. Já no preço p_2, ocorre o contrário, havendo excesso de demanda. O equilíbrio de mercado é atingido ao preço p^*, quando não há nem excesso de demanda nem excesso de oferta. Esse é o chamado preço de equilíbrio, no qual o mercado "fecha", isto é, tanto o excesso de demanda quanto o excesso de oferta foram eliminados e as quantidades ofertada e demandada coincidem.

> O equilíbrio de mercado corresponde a uma situação na qual, a determinado preço (chamado de preço de equilíbrio), todos os consumidores dispostos a comprar, bem como todos os produtores dispostos a vender, atingem seus objetivos.

Outros fatores de influência

Na análise a que procedemos na seção anterior fizemos uso contínuo da hipótese *coeteris paribus*. Isso significa que tratamos apenas da influência do preço sobre as decisões de oferta e demanda, bem como da interação entre compradores e vendedores em mercados competitivos.

Ocorre que vários outros fatores influenciam essas decisões e precisam ser incorporados à análise.

A demanda, por exemplo, também sofre impactos que resultam de alterações na renda dos demandantes, do acesso ao crédito, da percepção de valor dos consumidores, dos preços e características dos produtos rivais, entre outros fatores.

Já a oferta também pode ser afetada por alterações nos preços dos insumos, pelas expectativas de preço dos ofertantes, por mudanças na tecnologia de produção etc.

Quando esses outros fatores entram em jogo, as curvas de oferta e demanda se alteram, como ilustrado nas figuras 3 e 4.

Na figura 3, a curva D representa a demanda inicial por um dado bem ou serviço. Supondo, por exemplo, que se trata da demanda por malhas de lã, o final do inverno alteraria a disposição dos demandantes para comprar esse item. Para cada preço, então, eles estariam menos dispostos a adquirir esse bem. Nesse caso, a demanda se deslocaria para D_1. No ano seguinte, com a ocorrência de um inverno mais rigoroso que o esperado, a demanda poderia voltar a crescer, atingindo o nível D_2.

Figura 3
A CURVA DE DEMANDA E SEUS DESLOCAMENTOS

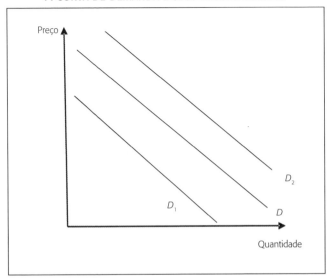

Deslocamentos de D para D_1 também poderiam ocorrer em caso de queda na renda dos consumidores, piora nas condições de crédito ou surgimento de um novo bem substituto considerado melhor em algum sentido objetivo ou subjetivo. Situações opostas gerariam o deslocamento em direção a D_2. Movimentos semelhantes podem acontecer com as curvas de oferta, como mostrado na figura 4.

O deslocamento de O para O_1, por exemplo, pode ocorrer no caso do aumento do número de empresas em dado mercado. É possível notar que em O_1, para cada preço existe maior quantidade ofertada. Já o deslocamento em direção a O_2 pode ocorrer devido ao aumento dos custos dos insumos. Nota-se que em O_2, para cada quantidade ofertada o preço é mais alto, caracterizando o repasse do aumento de custos para os preços desejados pelos ofertantes.

Figura 4
A CURVA DE OFERTA E SEUS DESLOCAMENTOS

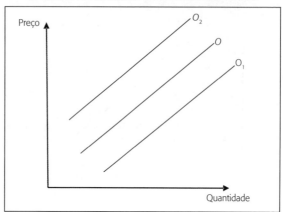

Podemos notar que tanto os deslocamentos da demanda quanto os da oferta alteram o equilíbrio de mercado. A queda da demanda de D para D_1, mostrada na figura 3, por exemplo, provocaria reduções simultâneas de preços (de p^* para p^*_1) e quantidades de equilíbrio de (q^* para q^*_1), como mostra a figura 5.

Figura 5
EFEITO DE UMA QUEDA DE DEMANDA SOBRE O EQUILÍBRIO DE MERCADO

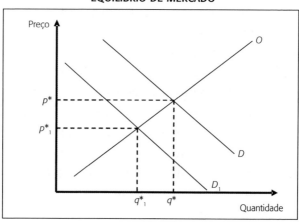

Você consegue imaginar, leitor, os efeitos que outras mudanças nas curvas de oferta ou de demanda teriam sobre o equilíbrio em um gráfico semelhante ao da figura 2?

Duas aplicações ao comércio exterior: elasticidades da demanda

A elasticidade da demanda é um indicador que visa mensurar a sensibilidade dos compradores a alterações em alguma das variáveis que determinam a demanda. As duas elasticidades mais importantes são a elasticidade-preço (e^{PD}) e a elasticidade-renda (e^{RD}) da demanda. Genericamente, a elasticidade da demanda é calculada da seguinte forma:

$$e^D = \frac{\text{variação percentual na quantidade demandada}}{\text{variação percentual no preço ou na renda}}$$

Como mostra a figura 6, nem todas as demandas reagem do mesmo modo a variações no preço, pois não são igualmente sensíveis a essas variações. Na figura, notamos que quando o preço cai de p_1 para p_2, a quantidade demandada na curva *DA* varia menos que na curva *DB*. Assim, podemos dizer que a sensibilidade ao preço (elasticidade) é maior para a curva *DB* (desprezando-se o sinal dessas variações, isto é, tomando-se os valores em módulo).

Se o preço varia, digamos, 10% e a quantidade demandada varia, por exemplo, 5%, teremos uma $e^{PD} < 1$ (desprezando o sinal). Nesses casos, como a reação em termos de quantidade é menos que proporcional à variação no preço, dizemos que a demanda é relativamente inelástica. No caso contrário, quando as quantidades variam de forma mais do que proporcional em relação às variações de preço, dizemos que a demanda é relativamente elástica ($e^{PD} > 1$).

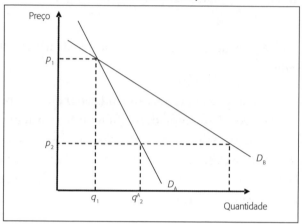

Figura 6
CURVAS DE DEMANDA COM DIFERENTES ELASTICIDADES-PREÇO

No primeiro caso ($e^{PD} < 1$), como a receita de vendas é calculada simplesmente pelo produto preço × quantidade, aumentos de preço elevam o faturamento dos vendedores, pois as quantidades caem proporcionalmente menos. Quando a demanda é elástica ($e^{PD} > 1$), a receita se eleva quando os preços caem, pois os volumes demandados é que aumentam mais que proporcionalmente.

A conclusão é que elevações de preços só resultam em aumentos de receita se a demanda for inelástica ($e^{PD} < 1$), pois as quedas nas quantidades demandadas serão mais do que compensadas pela elevação no preço.

A questão que você, leitor, talvez tenha em mente nesse momento é: mas, o que faz com que a demanda seja mais ou menos reativa às variações nos preços?

Há basicamente três ordens de fatores que influenciam a elasticidade-preço da demanda:

❑ *impacto da variação de preço no orçamento dos compradores*: um consumidor tende a deixar de comprar um item que se tornou mais caro e que representa uma parcela expressiva de seu gasto mensal. Isso porque uma dada alta de preços, ainda que percentualmente pequena, geraria um aumento muito grande em sua despesa no mês. Da mesma forma, pessoas mais pobres são mais sensíveis às variações de preço, pois mesmo pequenas altas acabam tendo impacto relevante em seu orçamento;

❑ *existência de bens substitutos*: se os demandantes não dispõem de opções para substituir um bem cujo preço subiu, não têm como reagir a essa alta. Algo parecido ocorre quando há grande fidelidade dos demandantes a determinada marca: ainda que o preço se eleve, consumidores fiéis tendem a continuar comprando, reagindo pouco ou nada à alta dos preços;

❑ *necessidade ou essencialidade*: caso o preço da energia elétrica subisse, os consumidores teriam pouca margem de manobra para reduzir a demanda, sobretudo as empresas industriais que utilizam a eletricidade em seus processos produtivos. Algo parecido ocorre com certas categorias de medicamentos estritamente necessários para algumas pessoas.

Um exemplo histórico de interesse no comércio internacional se refere ao petróleo. Fonte essencial de energia na década de 1970, esse produto registrou fortes aumentos de preço durante as crises de 1973 e 1979, momento de constituição da Organização dos Países Exportadores de Petróleo (Opep). Durante os primeiros anos, dadas a essencialidade e a ausência de substitutos, a demanda caiu pouco, garantindo grande elevação no valor das receitas de comércio dos países exportadores. No entanto, com o passar dos anos, melhorias tecnológicas e inovações energéticas diminuíram a dependência em relação ao petróleo e seus derivados, que se tornaram mais substituíveis e menos essenciais. Esse processo tornou a demanda mais sensível ao preço.

Figura 7
REPRESENTAÇÃO DOS EFEITOS DE CURTO E DE LONGO PRAZOS DO CHOQUE DE PREÇOS DO PETRÓLEO

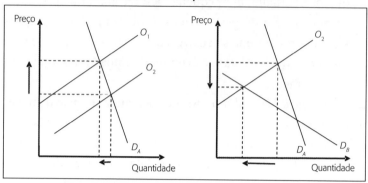

Na figura 7, a demanda D_A, semelhante à demanda com mesmo nome na figura 6, representa as condições da procura por petróleo antes do choque. Note, leitor, que se trata de uma demanda relativamente inelástica.

Com a constituição do cartel, a curva de oferta inicial O_1 foi deslocada abruptamente para O_2 no gráfico da direita da figura 7. Esse movimento é semelhante ao que mostramos na figura 4 por meio do movimento da oferta O para O_2. Dadas a grande essencialidade do produto e sua difícil substituição no curto prazo, os preços se elevaram de maneira acentuada sem que houvesse grande queda nas quantidades transacionadas.

Com o passar do tempo, porém, a demanda por petróleo não só se reduziu por conta das inovações no campo energético, como também se tornou mais sensível às variações de preço por conta do surgimento de substitutos, com destaque para os biocombustíveis, como o etanol. Esse novo perfil de demanda é mostrado pela curva D_B no gráfico à direita da figura 7. Como consequência, a alta de preços foi revertida e as quantidades transacionadas passaram a cair de forma mais intensa.

Já a elasticidade-renda permite classificar os bens e serviços em superiores (isto é, sofisticados ou *tops* de linha) ou inferiores (mais populares). O valor crítico do indicador para essa classificação é zero.

No caso dos bens "superiores", renda e demanda caminham juntas. O aumento da renda gera maior procura por bens *top* que tendem a substituir os mais populares. Com isso, na fórmula expressa acima, têm-se variações positivas, tanto no numerador quanto no denominador. Nos momentos de queda de renda, as famílias tendem a comprar menos esses produtos. Ambas as variações presentes na fórmula da elasticidade-renda tornam-se negativas, mostrando, mais uma vez, que renda e demanda seguem na mesma direção. Em outras palavras, a e^{RD} dos bens superiores é sempre maior que zero.

Um caso ilustrativo no comércio internacional é a demanda por carne. Em um painel de países ordenado segundo o valor de suas rendas *per capita*, é possível notar que os níveis mais altos de renda estão associados a níveis também mais elevados de consumo de proteína alimentar na forma de carne. Ao mesmo tempo, em cada país, quando a renda varia ao longo do tempo, a demanda por carne tende a seguir o mesmo padrão de oscilação. Isso permite classificar a carne como um bem superior.

No caso dos bens inferiores ou populares ocorre o inverso. Quando a renda dos demandantes cai, a procura por esses bens aumenta, pois os bens *top* são substituídos pelos mais populares. Mas, quando a renda aumenta, observa-se o contrário. Na fórmula da elasticidade, vista acima, o sinal das variações da renda e da demanda são sempre opostos. Por conta disso, a e^{RD} dos bens inferiores é sempre menor que zero.

No comércio internacional, observa-se que o óleo de soja é um bem inferior, sobretudo quando comparado a bens rivais, como os óleos de milho ou canola. Em muitos países, momentos de recessão, durante os quais a renda das famílias está caindo, são marcados pelo aumento na demanda por óleo de soja.

Monopólio: um caso particular de interesse

Embora seja uma referência importante, o caso dos mercados competitivos, já apresentado na segunda seção deste capítulo e estendido nas três seções subsequentes, trata de uma estrutura de mercado muito particular, tipicamente mercados que reúnem número elevado tanto de ofertantes quanto de demandantes. No limite, teríamos o que os economistas chamam de "concorrência perfeita". Nessa estrutura em particular, os ofertantes não têm como promover qualquer tipo de conluio ou cartel. Isso porque, havendo livre entrada e saída de competidores, caso um cartel tentasse elevar preços e margens de lucro, qualquer ofertante de fora poderia ingressar no mercado com preços mais baixos e arrematar boa parte da demanda. Mas para isso o produto transacionado deve ser altamente padronizado e a tecnologia necessária para produzi-lo precisa ser completamente acessível a todos os competidores. Vemos, assim, que a "concorrência perfeita" é uma situação-limite em que a concorrência, potencial e efetiva, limita as ações dos ofertantes no sentido de elevar seus preços de modo a obter lucros acima da média da economia.

Na prática, esse tipo de estrutura de mercado é raro e, mesmo no caso de algumas *commodities* agrícolas e industriais, é comum haver práticas de restrição à concorrência. No caso de marcas e patentes, por exemplo, a referência teórica se desloca da "concorrência perfeita" para o monopólio.

Mas há outros fatores que podem fazer com que essa estrutura monopolista de mercado seja observada. Em geral, o monopólio surge devido a três causas básicas:

❑ *o tamanho do mercado* – imagine uma cidade pequena na qual se instala um hipermercado. Esse estabelecimento, por operar em escala mais ampla e ter custos de comercialização mais baixos, pode levar à falência todos os mercados tradicionais da cidade. Mais ainda, caso outro hipermercado se instale na mesma cidade, o movimento em cada um deles será tão pequeno que ambos passarão a operar com prejuízo. Portanto, só há mercado para uma firma. Esse tipo de estrutura de mercado é chamado de monopólio natural;

❏ *a imposição por lei*, como foi o caso de diversos serviços de utilidade pública no Brasil até há alguns anos. Esse é o monopólio legal;

❏ *a propriedade de patentes*, resultado de inovação tecnológica ou do desenvolvimento de marcas por pessoas e empresas que passam a deter o direito de uso econômico exclusivo por alguns anos. Esse é o caso típico da descoberta de novas substâncias pela indústria farmacêutica, mas também inclui as grifes nos setores de confecção e perfumaria, entre outros.

A questão que se coloca é: como o monopolista forma seu preço? A noção intuitiva de que ele cobrará o preço que quiser não responde a essa pergunta, pois, afinal, que preço ele vai querer cobrar? Veremos que a resposta nos remete de volta à elasticidade-preço da demanda, já abordada.

Como todo ofertante, o objetivo do monopolista é obter o máximo lucro. Para ilustrar como ele irá fixar seu preço a partir desse objetivo, observe com atenção as informações contidas na figura 8. Suponha que se trata do mercado de um software, cuja propriedade intelectual é detida com exclusividade por uma empresa por meio de patente. Depois da etapa de desenvolvimento, o custo para ofertar cópias do programa se refere apenas ao *download* que o usuário fará pela internet. Suponha que esse custo é de $ 20 por unidade. Esse custo único e fixo é representado pela curva horizontal *C*. Já a demanda pelo software é representada pela curva D_A.

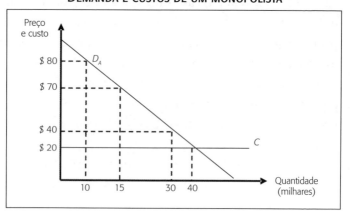

Figura 8
DEMANDA E CUSTOS DE UM MONOPOLISTA

Se esse monopolista fixar o preço unitário de $ 80, vai vender 10 mil unidades de seu software, com uma receita total de $ 800 mil. Como seu custo total seria $ 200 mil, seu lucro seria de $ 600 mil. Mas se o preço fosse de $ 70 a unidade, a empresa venderia 15 mil unidades, obtendo uma receita total de $ 1,050 milhão frente a uma despesa total de $ 300 mil. Logo, seu lucro passaria a $ 750 mil. Mas, se baixasse ainda mais o preço para, por exemplo, $ 40, venderia 30 mil unidades, faturando $ 1,2 milhão a um custo total de 600 mil, ou seja, o lucro total cairia para apenas $ 600 mil.

Esse exemplo numérico ajuda a relativizar a crença de que o monopolista fixa o preço mais elevado possível. Dado o objetivo de maximização de lucro, esse ofertante tem ganhos ao reduzir seu preço de $ 80 para $ 60, pois isso eleva seu lucro total. Na realidade, todo ofertante que tem condições de fixar seus preços deve baixá-los até que o aumento da receita total (também chamado de "receita na margem" ou "receita marginal") já não compense o aumento nos custos totais (também chamado de "custo marginal" ou "custo na margem").

Figura 9
MAXIMIZAÇÃO DE LUCRO PELO MONOPOLISTA

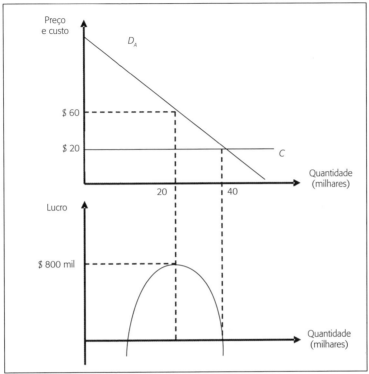

Ao preço unitário de $ 60, nosso monopolista venderia 20 mil unidades, faturando uma receita total de $ 1,2 milhão com um custo total de produção de $ 400 mil, resultando no lucro máximo de $ 800 mil.

É interessante notar o que aconteceria se a demanda se tornasse menos elástica por qualquer razão. No caso de um medicamento, isso poderia acontecer por conta da ocorrência de um surto ou uma epidemia de uma doença qualquer. Sendo os demandantes menos reativos, aí, sim, o monopolista poderia elevar seus preços com vantagens em termos de maximização de lucro. Esse exemplo é mostrado na figura 10.

Figura 10
ALTERAÇÃO NA ELASTICIDADE-PREÇO DA DEMANDA E MAXIMIZAÇÃO DE LUCRO PELO MONOPOLISTA

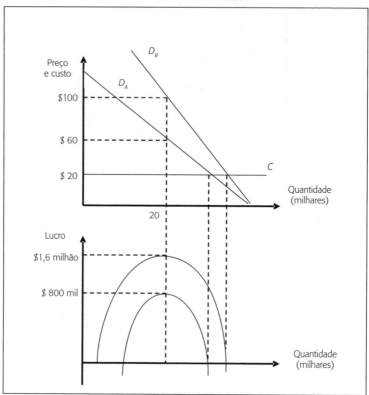

Observe que, como vemos no gráfico superior da figura 10, a quantidade de 20 mil unidades é demandada ao preço unitário de $ 100 no ponto D_B. Nesse caso, a receita total seria de $ 2 milhões e o custo total de $ 400 mil. Por conta disso, o lucro máximo chegaria a $ 1,6 milhão.

Não é por outra razão que marcas e patentes são tão importantes nas estratégias das empresas internacionalizadas. Ao mesmo tempo, o marketing está sempre buscando fidelizar os consumidores. Juntos, esses dois elementos permitem tornar a demanda menos sensível às variações de preço, ampliando as possibilidades de maximização de lucro.

Teoria dos jogos e práticas protecionistas: mais uma aplicação

Campo vasto e muito fértil da microeconomia, a teoria dos jogos se dedica a estudar situações que envolvem interação estratégica, ou seja, situações nas quais a ação de cada agente envolvido afeta os benefícios obtidos por ele mesmo e por todos os demais. Daí o termo "jogos". Uma aplicação comum se refere à análise dos cartéis. Mas a teoria dos jogos também estuda a interação entre equipes dentro de uma mesma empresa, entre negociadores que discutem um contrato, entre outras. Contribui, ainda, para analisar as práticas protecionistas no comércio internacional, como foi antecipado no capítulo 1. Esse método passou a ser amplamente empregado para a análise de interações e se tornou bastante difundido, especialmente a partir do século XX, quando contou com diversos avanços graças a estudiosos como John Nash (nascido em 1928), cuja vida foi abordada no filme *Uma mente brilhante*.

Um dos resultados mais importantes da teoria dos jogos é o chamado "equilíbrio de Nash", situação na qual se observa que quando cada agente envolvido em um jogo pensa apenas em si sem considerar o que ocorrerá com o grupo, todos saem perdendo. Esse tipo de situação é chamado de "jogo não cooperativo".

Para entender como isso ocorre, vamos inicialmente estudar uma situação imaginária simples de interação estratégica: o chamado "dilema dos prisioneiros". Suponha que duas pessoas foram presas e são acusadas de terem cometido um crime juntas. Cada uma é colocada em uma cela separada e precisa decidir se confessa ou não o crime, antes de saber o que o outro prisioneiro decidiu. As penas a serem aplicadas a eles em cada caso estão expressas no quadro 5. O sinal negativo serve para enfatizar a perda. Assim, "–4" significa uma pena de 4 anos, ou "–4 anos de liberdade". Em cada par de números no quadro 5, o primeiro sempre se refere ao prisioneiro A. Assim, por exemplo, se A confessa e B resolve não confessar, A é solto na hora (0 mês de prisão), mas B fica 4 anos preso (–4 anos de liberdade).

Quadro 5
O DILEMA DOS PRISIONEIROS: UM EXEMPLO SIMPLES DE INTERAÇÃO ESTRATÉGICA

		Prisioneiro B	
		Confessa	Não confessa
Prisioneiro A	Confessa	–2; –2	0; –4
	Não confessa	–4; 0	–1; –1

Todos esses números são apresentados no quadro 5. Note, leitor, que o melhor resultado para o grupo (soma das penas) seria não confessarem os dois a um só tempo. Eles cooperariam, nesse caso. Qualquer outro comportamento faria com que pelo menos um deles passasse no mínimo dois anos atrás das grades. Mas, se você olhar atentamente o quadro 5, irá notar que a atitude de confessar é sempre melhor que a de não confessar do ponto de vista estritamente individual e, portanto, não cooperativo. Se, por exemplo, o prisioneiro A espera que o outro vá confessar, o melhor que A tem a fazer é confessar também e, assim, pegar uma pena de dois anos em lugar de quatro. Mas se A imagina que B não vai confessar, ele também prefere confessar, pois, nesse caso, será libertado imediatamente em lugar de ficar na cadeia por um ano.

Observando com atenção o quadro acima, é possível notar que, qualquer que seja a expectativa do prisioneiro A sobre a decisão do outro, o melhor a fazer é confessar. Isso também vale para o prisioneiro B. Nesse caso, dizemos que confessar é a estratégia dominante para ambos os prisioneiros (ou de agentes envolvidos).

Quando chegamos nesse ponto da análise do dilema dos prisioneiros, já é possível passar para a análise das práticas protecionistas de comércio exterior.

Se um país adota barreiras comerciais, por exemplo, seu objetivo é melhorar seu saldo, reduzindo importações. Isoladamente, essa prática traria benefícios para o país protecionista à custa de seus parceiros comerciais. No quadro 5, tudo se passa como se esse país fosse o prisioneiro A decidindo confessar enquanto B permanece calado.

A diferença entre o dilema dos prisioneiros e o "jogo" do comércio internacional é que este se desdobra no tempo. Tem-se, assim, o que se chama de "jogo sequencial". Por isso, em um segundo momento, os parceiros comerciais do país protecionista tendem a reagir, adotando suas próprias barreiras como represália. O resultado final pode ser que o volume de comércio externo se reduza, eliminando os ganhos discutidos no capítulo 1 e prejudicando todos. No dilema dos prisioneiros, quando as escolhas são não cooperativas e ambos confessam, os dois são condenados a dois anos, quando poderiam ficar presos somente um ano.

Transitando da micro para a macroeconomia

Na esfera microeconômica, tratamos de mercados específicos, destacando a atuação de seus agentes típicos, os ofertantes (empresas e profissionais liberais) e os demandantes (que podem ser consumidores ou outras empresas). O foco recai, portanto, sobre a ação econômica individual com vistas ao máximo lucro (no caso dos ofertantes) ou da máxima satisfação (no caso dos demandantes).

Mas, quando ampliamos essa análise e passamos a nos preocupar com os efeitos da ação conjunta dos agentes econômicos, atingimos o campo da chamada macroeconomia ou, alternativamente, do macroambiente de negócios. Nessa esfera, as ações isoladas de ofertantes e demandantes têm pouco impacto. Mas, em sentido oposto, mudanças nas variáveis macroeconômicas costumam ter grande potencial de interferência sobre o desempenho das empresas e dos consumidores.

Ao mesmo tempo, a esfera macroeconômica é objeto de interesse contínuo da ação dos governos por meio da chamada "política econômica". De forma ampla, pode-se dizer que essa ação, a política econômica, visa promover o máximo crescimento, isto é, o maior crescimento possível do PIB, em paralelo com a mínima elevação do nível de preços, isto é, a menor inflação possível.

No curto prazo, o foco da política econômica recai sobre a chamada "demanda agregada", que vem a ser o somatório de todas as demandas na economia. A meta, em geral, é evitar que o crescimento excessivo da procura por bens e serviços gere altas exageradas de preços. Já no longo prazo, o objetivo da ação econômica do governo é garantir o crescimento sustentado, estimulando a ampliação da capacidade produtiva das empresas e a produtividade como um todo. Em resumo, estabilidade de preços no curto prazo e crescimento do PIB no longo prazo são os dois focos da política econômica.

Resumo

Neste capítulo, você, leitor, pôde notar que a microeconomia tem diversas aplicações nos negócios internacionais e oferece ferramentas valiosas de análise. Pôde ver, também, que esse é um campo que complementa e estende os resultados derivados das teorias de comércio, vistas no capítulo 1.

Mais do que isso, porém, a microeconomia fornece os fundamentos para a análise macroeconômica, desenvolvida nos capítulos a seguir. Por essa razão, oferta e demanda, devidamente adaptadas às peculiaridades do ambiente macro, continuaram sendo um tema recorrente ao longo de todo o restante do livro. Por enquanto, apresentamos exercícios de revisão deste capítulo 2.

Exercícios de revisão

Exercício 1

Imagine que o governo de um país decidiu sobretaxar os bens importados com o intuito de proteger a indústria nacional e reduzir o saldo negativo de comércio exterior. Assim, ele aumentou em 25% a alíquota de importação de certa peça de um equipamento também fabricada por empresas locais. Transcorridos três meses, observou-se que as quantidades importadas caíram 6,25%. Calcule a elasticidade-preço da demanda do bem importado e comente o resultado.

Exercício 2

Um país adotou profundas reformas econômicas e, como resultado, alcançou um aumento real de 6% no nível de renda de sua população. Transcorrido certo período, foi possível observar alterações no perfil das importações. Para o produto A foi constatado aumento de 8% nos volumes importados. Já no caso do produto B ocorreu o oposto, isto é, houve queda de 9% no volume de importações. Com base nesses números, calcule as elasticidades-renda da demanda (e^{RD}) dos produtos A e B. Em seguida, comente e interprete os resultados.

Exercício 3

Explique, à luz da teoria econômica vista neste capítulo, como os excessos de oferta ou de demanda (situações fora do equilíbrio de mercado) podem ser compensados pela ocorrência do comércio internacional. Demonstre seu argumento graficamente.

3
Indicadores de desempenho macroeconômico

Os capítulos anteriores apresentaram a você, leitor, os chamados fundamentos econômicos do comércio internacional e da microeconomia. Como visto, o foco recaiu sobre as vantagens das trocas comerciais entre países e sobre as decisões dos agentes, tanto do lado da demanda quanto do lado da oferta. Ambos os capítulos foram o alicerce da discussão que se segue ao longo de todo o restante do livro.

No presente capítulo, passaremos a outra esfera de análise, a chamada macroeconomia. Como regra, nossa unidade de análise são os diferentes países do mundo. Nesse nível, os dois principais indicadores de desempenho são o produto interno bruto (PIB) e o nível geral de preços. A evolução deste último gera o fenômeno da inflação, isto é, a elevação generalizada de preços, mensurada por meio de toda uma série de índices de preço.

A importância e todos esses elementos no âmbito da economia aplicada aos negócios internacionais são indiscutíveis. Quando se fala, por exemplo, das 10 maiores economias do mundo, o indicador implicitamente tratado é o PIB. Ao mesmo tempo, conceitos como o grau de abertura de uma economia são mensurados dividindo-se a soma de importações e exportações pelo PIB, tudo em uma mesma moeda. Pode-se afirmar, ainda, que o comércio exterior é hoje, mais do que nunca, o principal elo entre as economias dos diferentes países, lado a lado com os fluxos de capital.

> Ao final do presente capítulo, é importante que você, leitor, esteja certo de ter compreendido os seguintes elementos: PIB, PNB, renda *per capita*, os determinantes do crescimento econômico e a importância relativa do comércio exterior para o desempenho econômico no curto prazo.

Mensuração da atividade econômica

O primeiro desafio para mensurar a atividade econômica de um país é encontrar um denominador comum que permita somar, de forma consistente, a produção dos mais diferentes setores. Uma alternativa viável é fazer a soma de valores monetários da produção de cada segmento econômico. Dessa forma, seria possível, num primeiro momento, somar, por exemplo, a produção de minério (mensurada em toneladas) à produção de serviços educacionais (medida em horas-aula).

Vemos, assim, por que o PIB costuma ser expresso, antes de tudo, em valores monetários. É por essa razão que, sempre que nos referimos às maiores economias do mundo, expressamos um *ranking* de PIBs em valores monetários, geralmente convertidos para dólares norte-americanos. O quadro 6 apresenta esse *ranking* para o ano de 2011.

Mas há um obstáculo importante à mensuração do PIB. Para que ele seja um indicador consistente da produção de bens e serviços em uma dada economia, seja um país, um estado ou um continente, não se pode simplesmente somar o produto de todos os setores ou de todas as empresas e profissionais em um dado território. Isso pelo simples fato de que o valor de alguns desses itens fazem parte ou estão contidos no valor de outros.

Quadro 6
PIB DAS MAIORES ECONOMIAS DO MUNDO – 2011 (US$ TRILHÕES)

Mundo		70,01
1	EUA	15,06
2	China	6,98
3	Japão	5,85
4	Alemanha	3,62
5	França	2,80
6	Brasil	2,52
7	Reino Unido	2,48
8	Itália	2,24
9	Rússia	1,88
10	Índia	1,84
11	Canadá	1,75
12	Espanha	1,53
13	Austrália	1,50

Fonte: Fundo Monetário Internacional. Disponível em: <www.imf.org>. Acesso em: 9 jul. 2012.

O valor do trigo está contido no valor da farinha de trigo. O valor da farinha está contido no valor dos pães e assim por diante. Portanto, a soma pura e simples do valor de tudo o que se produz geraria dupla contagem. Para evitar tal distorção, o valor monetário do PIB é mensurado obedecendo à seguinte definição metodológica:

> O produto interno bruto (expresso em valor monetário) corresponde ao somatório dos valores de todos os bens e serviços finais produzidos dentro das fronteiras de um país (ou região) em dado período.

Apesar de simples e claro, esse critério exige que se definam mais alguns elementos, a começar pela ideia de bem final. Define-se bem (ou serviço) final como aquele que não é utilizado como insumo na produção de outros, isto é, todo o bem (ou serviço) cujo valor não se torna parte do valor de outros bens ou serviços. Portanto, todo o trigo utilizado na produção de farinha já tem seu valor contido no valor da farinha, sendo, portanto, um insumo. E toda a farinha utilizada na produção de pães tem seu valor contido no valor desses pães, sendo também um insumo. Mas os pães vendidos para consumo das famílias são bens finais. Ao computarmos o valor desses pães no cálculo do PIB, estamos carregando todo o valor gerado em sua cadeia produtiva e, portanto, evitando a dupla contagem.

Por fim, para que seja possível avaliar de forma consistente a evolução do PIB ao longo do tempo, é preciso considerar e tratar o efeito da inflação sobre o valor da produção de bens e serviços. E isso por uma razão simples: a alta de preços pode elevar esse valor sem que, em termos de volume físico, algo esteja acontecendo.

Para isso, os órgãos responsáveis pelo cálculo, depois de estimarem o valor monetário do PIB a partir da metodologia referida anteriormente, descontam o efeito da alta de preços em cada segmento da economia. Assim, quando se divulga que o PIB teve um crescimento de 2% em dado período, por exemplo, sabe-se que esse percentual corresponde ao crescimento real, isto é, à expansão da produção física de bens e serviços livre da influência inflacionária. A figura 11 mostra essa evolução real do PIB brasileiro em bases trimestrais no período 1992-2012 em valores monetários. Vale salientar que a figura 11 apresenta dados corrigidos pela influência sazonal, a qual, caso ainda estivesse presente, demonstraria uma clara tendência do PIB de atingir níveis mais elevados no último trimestre do ano.

Figura 11
PIB BRASILEIRO EM R$ MILHÕES DE 2012, SÉRIE TRIMESTRAL
(1992-2012)

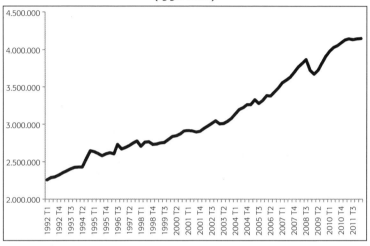

Fonte: Ipeadata.

Quadro 7
PRODUTO INTERNO BRUTO E RENDA INTERNA BRUTA – RESUMO

Produto interno bruto	=	Renda interna bruta
Valor monetário estimado a partir do somatório dos valores dos bens e serviços finais produzidos dentro das fronteiras de um país, município, estado ou região em dado período.		O valor total da renda gerada em um país, município, estado ou região em dado período corresponde ao somatório dos valores agregados (VAs) em todas as atividades econômicas dentro das fronteiras em determinado período.
O **PIB** real (isto é, descontada a inflação) permite avaliar a evolução da produção de bens e serviços ao longo do tempo, sem que se incorra em dupla contagem.		A **RIB** real (isto é, descontada a inflação) corresponde ao total de lucros, salários, impostos, juros, aluguéis etc. gerados dentro das fronteiras de um país (ou região) em dado período.

Outra forma de evitar dupla contagem no cálculo do valor monetário do PIB é considerar o valor da produção de cada empresa ou profissional (que podemos chamar de VP) descontado dos valores dos insumos utilizados (que se pode chamar de VI). Quando se considera a expressão VP – VI chega-se a um conceito bastante utilizado e de grande importância: o conceito de valor agregado (que chamaremos de VA). Assim, por definição, VA = VP – VI. O valor monetário do PIB, contabilizado pelo somatório de todos os valores de bens e serviços finais, corresponde exatamente ao somatório de todo o valor agregado pelas diferentes empresas e profissionais, uma vez que ambos os métodos evitam a dupla contagem. Uma análise alternativa seria separar o somatório dos valores agregados do valor dos impostos. Assim, o valor do PIB corresponderia ao somatório dos valores agregados mais o somatório dos tributos.

Quadro 8
RENDA *PER CAPITA* EM PAÍSES SELECIONADOS (US$)*

Média mundial		10.144
1	Luxemburgo	113.533
2	Qatar	98.329
3	Noruega	97.255
4	Suíça	81.161
5	Emirados Árabes	67.008
6	Austrália	65.447
7	Dinamarca	59.928
8	Suécia	56.956
9	Canadá	50.436
10	Holanda	50.355

Continua

Média mundial		10.144
1	EUA	48.387
18	Japão	45.920
19	França	44.008
20	Alemanha	43.742
22	Reino Unido	38.592
46	Chile	14.278
52	Rússia	12.993
53	Brasil	12.789
57	Argentina	10.945
62	México	10.153
88	China	5.414
140	Índia	1.389
167	Moçambique	587
182	Burundi	279

Fonte: Banco Mundial (World development indicators database).
* US$ correntes de 2011. Não inclui paraísos fiscais, como Mônaco e Ilhas Cayman.

Mas por que estimar o PIB de duas formas alternativas? Se o leitor se fez essa pergunta, ela é bastante pertinente. A vantagem é que teremos reunido, em um único indicador de desempenho macroeconômico, uma forma de medir a evolução da produção e da renda gerada na economia em dado período. Isso porque, para qualquer empresa, profissional ou segmento, quando subtrairmos do valor da produção (VP) o valor dos pagamentos aos fornecedores de insumos (VI), o que sobra é o total de renda gerada. Em outras palavras, a agregação de valor, medida pela expressão muito simples VA = VP − VI, corresponde à renda gerada em cada atividade. Essa renda corresponde ao ganho dos trabalhadores (salários), dos empresários (lucros), do governo (tributos) ou dos diferentes capitalistas que emprestaram seus recursos para serem empregados em dada atividade (aluguéis, juros, *royalties* etc.). Esses são os componentes ou "fatias" do VA em qualquer atividade. Prova-se, assim, que o valor do PIB de um país corresponde também ao valor da renda interna bruta (RIB), como expresso no quadro 7.

Ao contrário do que você poderia imaginar, leitor, a renda *per capita*, indicador muito utilizado em comparações entre países no âmbito dos negócios internacionais, não corresponde ao PIB por habitante. Isso porque boa parte da renda gerada no território de um país corresponde a lucros de multinacionais ou rendas de emigrantes, remetidos aos países de origem. Assim, para estimar a renda apropriada em um país, a qual corresponde, em linhas gerais, ao potencial de gasto local, devemos ajustar o valor do PIB (renda gerada no território em questão) subtraindo a renda enviada e somando a renda recebida do exterior, chegando a um conceito próximo, mas não idêntico, ao de PIB – o produto nacional bruto (PNB), cujo valor também é idêntico à renda nacional bruta (RNB). Dividindo a RNB pela população, só então chegamos à tão falada renda *per capita*. O quadro 8 mostra os níveis de renda *per capita* em alguns países do mundo no ano de 2011 em dólares correntes. Por expressar, em média, o potencial de gasto local, a renda *per capita* é o principal e mais imediato indicador de bem-estar material utilizado nas comparações entre países.

Ciclo e tendência: o PIB no curto e no longo prazos

A evolução do PIB de qualquer país tem diferentes determinantes no curto e no longo prazos. As oscilações de curto prazo da atividade econômica, isto é, de um trimestre para outro, são chamadas usualmente de "flutuações cíclicas" ou *business cycle* e estão vinculadas ao comportamento da demanda agregada, isto é, da demanda por bens e serviços em geral. Em paralelo, no longo prazo, o crescimento sustentado de toda economia exige níveis adequados de investimento produtivo ou, em outras palavras, a expansão contínua da capacidade instalada (infraestrutura, capacitação de mão de obra etc.).

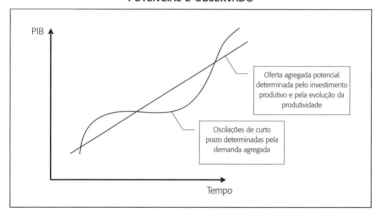

Figura 12
REPRESENTAÇÃO DO PIB AO LONGO DO TEMPO:
POTENCIAL E OBSERVADO

No entanto, se o investimento na produção amplia o potencial de oferta de bens e serviços, o nível de operação efetivo de toda economia depende da demanda. Assim como na microeconomia, o nível efetivo de operação da economia como um todo depende da relação entre oferta (tendência) e demanda (ciclo). A figura 12 mostra, de forma simplificada, as relações entre ciclo de negócios e crescimento de longo prazo. O investimento produtivo é responsável pela ampliação da oferta potencial de bens e serviços. Em paralelo, a demanda, muito mais instável, determina o nível efetivo de atividade, isto é, o PIB realmente observado ao longo do tempo, com seu comportamento tipicamente cíclico já mostrado, no caso brasileiro, na figura 11.

Como regra, quando se analisa a conjuntura econômica no curto prazo, isto é, entre um trimestre e outro, o foco deve recair sobre o comportamento da demanda agregada. Por outro lado, quando o objetivo é traçar cenários para um horizonte mais longo (um ano à frente ou mais), o foco da análise deve-se deslocar para o comportamento da capacidade produtiva e, portanto, para o comportamento do investimento produtivo que, por sua vez, determina a evolução da capacidade produtiva de empresas e profissionais e de sua produtividade.

Se a análise estiver focada no curto prazo, estará referida à demanda agregada. Esta, por sua vez, é composta de quatro elementos, chamados tecnicamente em economia de "componentes do gasto agregado":

❏ a despesa das famílias, realizada com a aquisição de bens e serviços ou consumo familiar (C);
❏ os gastos do governo com custeio da máquina administrativa (G), como o pagamento do funcionalismo público ativo ou as compras feitas a fornecedores. Lembre-se de que transferências de renda (pagamento de benefícios sociais por parte do governo, por exemplo) não são contabilizadas, pois não houve nenhum tipo de produção;
❏ o investimento produtivo, isto é, a aquisição de equipamentos (bens de capital), estoques e construção de infraestrutura e moradias novas, que tanto pode ser realizada pelas empresas do setor privado como pelo governo (I no caso do investimento privado e I_G no caso do investimento do governo). Aqui convém observar, leitor, que o investimento citado não se refere a aplicações financeiras, e por isso atribuiu-se o termo "produtivo", apenas para evitar confusão, uma vez que

o uso desse termo pode parecer redundante para a maioria dos economistas;
❑ a aquisição dos bens e serviços produzidos no país pelos residentes no exterior, isto é, as exportações de bens e serviços (X).

Dessa soma, devemos subtrair a aquisição de bens e serviços produzidos no exterior por residentes no país, isto é, as importações de bens e serviços (M). Isso porque parte de todo o consumo (C), dos gastos do governo (G), do investimento produtivo (I e I_G) e mesmo das exportações (X) contém itens importados, isto é, que geraram demanda não para nossas empresas, mas para empresas situadas no exterior.

Se o foco da análise se refere ao longo prazo, o potencial produtivo da economia vai evoluir em função dos seguintes fatores:

❑ os trabalhadores têm mais máquinas, equipamentos, estruturas de trabalho e acesso a infraestrutura, como portos e estradas. Nesse caso, o investimento produtivo (I + I_G) disponibilizou mais capital físico para a produção;
❑ os trabalhadores se tornam mais hábeis através da educação, da experiência profissional ou de outras maneiras de aquisição de capital humano. Dessa forma, possuindo mais conhecimento, eles podem utilizar o capital físico de um modo mais eficiente. Essa é uma forma menos tangível de investimento produtivo;
❑ novas tecnologias produtivas e novas técnicas de organização das empresas tornam os processos mais eficientes – outro modo intangível de investimento;
❑ ou, por fim, as próprias instituições do país podem avançar, reduzindo elementos como corrupção, violência e burocracia, gerando ganhos de eficiência generalizados.

Em suma, para que uma economia aumente seu nível potencial de produção ao longo do tempo, é necessário haver investimento (lembrando que nos referimos ao "investimento produtivo", como já explicado), tanto em capital físico quanto em capital humano e em tecnologia ou em capital institucional. O quadro 9 sintetiza os elementos determinantes da demanda e da oferta agregadas ou, respectivamente, do ciclo econômico (*business cycle*) e da tendência de crescimento (*growth trend*).

Quadro 9
DEMANDA E OFERTA AGREGADAS E RESPECTIVAS VARIÁVEIS DE IMPACTO

	Demanda agregada PIB observado *Business cycle*	Oferta agregada PIB potencial *Growth trend*	
Componentes	Consumo Investimento Gastos do governo Exportações Importações	Nível potencial de oferta de bens e serviços	
Variáveis de impacto sobre a demanda agregada	Taxa de juros Nível de emprego Crédito Decisões políticas Expectativas de lucro Taxa de câmbio Demanda mundial	Ampliação do estoque de capital físico e humano (isto é, investimento produtivo) e do capital social (avanços tecnológicos e avanços institucionais)	Variáveis de impacto sobre a oferta agregada potencial

Fonte: adaptado de Gonçalves e colaboradores (2011:74).

Mas, se o fator que sustenta o crescimento de longo prazo (ou *trend* de crescimento da economia) é o investimento, este, por sua vez, pode ser entendido como o conjunto de projetos de expansão ou modernização da capacidade produtiva, tanto em termos estritamente físicos (nas empresas) quanto em termos humanos (na capacitação dos profissionais).

Ocorre que todo projeto realizado exige que se mobilize uma fonte de financiamento ou *funding*, sem a qual esses projetos simplesmente não saem do papel. Em economia, o *funding* que torna realidade projetos de investimento é chamado de poupança, e não se refere exclusivamente à "caderneta de poupança", mas sim a toda a renda que não foi consumida. Assim, se para todo projeto realizado existe uma fonte de financiamento que foi utilizada, conclui-se que o valor do investimento total em cada país (I_T) corresponde ao total da poupança nesse mesmo país (S_T). Isso se deve ao fato de que, contabilmente, para todo projeto de investimento realizado (ativo) é necessário que haja uma contrapartida lançada ou no passivo (capital de terceiros) ou no patrimônio líquido (lucros reinvestidos). Desse modo, a igualdade a seguir se mostra uma identidade:

$$I_T = S_T$$

Internamente, existem duas fontes de *funding* para financiar os projetos de investimento: a poupança das famílias (S) e a poupança do governo (S_G).

A poupança de uma família é o que sobra de sua renda após o gasto com consumo e pagamento de impostos. Já a poupança do governo é a eventual sobra de arrecadação depois de deduzidos os gastos do governo com o custeio da máquina administrativa (G) e com o pagamento de juros da dívida pública.

Países como o Japão ou a Coreia, entre outros, têm volumes de poupança pública e privada tão elevados que acabam resultando em dois desequilíbrios: excedentes de bens e serviços (devido a níveis de gasto das famílias e dos governos muito menores do que a produção) e excedentes de poupança ou capital (consequência dos altos níveis de poupança carreados para o sistema financeiro). Tantos excedentes de bens e serviços acabam sendo exportados, gerando superávits comerciais e fluxos de capitais locais para o exterior. No extremo oposto estão países como o Brasil, que, por terem níveis relativamente baixos de poupança (isto é, $S + S_G < I + I_G$), precisam atrair capitais externos (ou poupança externa – S_X) e tendem a importar mais bens e serviços do que exportam, em razão dos níveis elevados de consumo, contraface dos níveis baixos de poupança.

Por meio do mercado internacional de capitais, o excedente de poupança de alguns países acaba financiando parte do investimento em outros. Bancos japoneses, por exemplo, podem emprestar seu excedente de captação a empresas e governos no Brasil. Ou, alternativamente, uma empresa coreana pode realizar um projeto de investimento no Brasil utilizando lucros acumulados pela matriz em seu país de origem. Com isso, a igualdade entre poupança total e investimento total pode ser apresentada de forma mais completa e desagregada como segue:

$$I + I_G = S + S_G + S_X$$

Em outras palavras, os projetos de investimento do setor privado (I) e do governo (I_G) são financiados por recursos (ou *fundings*), cuja origem pode ser a poupança das famílias (S), a poupança do governo (S_G) ou os ingressos de capital estrangeiro (S_X), combinados das mais variadas formas, a depender da engenharia financeira utilizada por aqueles que desejam concretizar o projeto (países "muito poupadores" incorrem em um S_X negativo, o que aponta que são exportadores líquidos de bens e serviços).

A figura 13 ilustra o contraste entre dois países hipotéticos cujos ciclos econômicos (*business cycles*) ocorrem em torno de diferentes tendências de crescimento (*potencial growth trends*). A tendência de crescimento menos acentuada do país B deve-se a menores níveis de poupança e investimento. Por isso, o ciclo de negócios, que corresponde ao comportamento de curto prazo da demanda, acaba gerando níveis de crescimento mais baixos ao longo do tempo. Já no país A, independentemente das flutuações de curto prazo, nota-se que o crescimento acumulado no período é maior e se sustenta em razão de níveis mais elevados de investimento e poupança.

Figura 13
CICLO DE NEGÓCIOS E PIB TENDENCIAL EM PAÍSES HIPOTÉTICOS

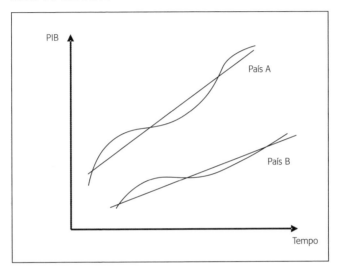

Exemplos ilustrativos são China, onde a taxa de investimento, isto é, o investimento em relação ao PIB, corresponde a mais de 45%, e Brasil, onde esse indicador é inferior a 20% do PIB (percentuais aproximados para o ano de 2011). Por conta dos níveis insuficientes de investimento e, portanto, de expansão do potencial de oferta, se a demanda crescesse no Brasil a taxas próximas de 10% ao ano, como ocorre na China, estaríamos sujeitos a toda forma de escassez, com falta de infraestrutura, geração de energia e mão de obra qualificada, o que originaria pressões inflacionárias intensas.

A fim de acelerar o crescimento em países como o Brasil, sem o risco de alta continuada de preços, é preciso garantir níveis mais elevados de investimento físico e humano, combinados com melhoria das condições institucionais, que também podem representar uma importante trava à eficiência das empresas e dos profissionais liberais, como a burocracia e as relações conflitivas nas cadeias produtivas.

Determinantes da demanda agregada: o PIB no curto prazo

Os determinantes do comportamento do PIB no curto prazo, sumarizados no quadro 9, podem ser, agora, tratados com mais detalhe. Para isso, vamos àqueles determinantes na seguinte expressão:

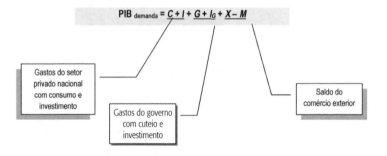

Em outras palavras, podemos dizer que as oscilações do PIB no curto prazo, isto é, trimestre a trimestre, são consequência:

❏ do comportamento dos gastos das famílias com consumo (C) e do setor privado como um todo com investimento (I);
❏ dos gastos do governo com custeio (G) e investimento público (I_G);
❏ dos gastos que os estrangeiros realizam liquidamente adquirindo produtos feitos no país (saldo do comércio exterior de bens e serviços ou $X - M$).

Para um correto acompanhamento da atividade econômica no curto prazo, é fundamental compreender os determinantes de cada um dos componentes do gasto total (ou componentes da demanda agregada) que, juntos, determinam as flutuações cíclicas da mesma atividade econômica. Neste capítulo, vamos nos concentrar nos determinantes do consumo e do investimento privado, deixando os demais elementos para o capítulo 4 (no caso dos gastos do governo) e para o capítulo 5 (no caso do comércio exterior).

Quais são os determinantes do consumo das famílias (C)?

Como regra, nos mais diferentes países, o consumo é o principal componente do PIB. No Brasil, esse componente responde por cerca de 60% da demanda agregada. O principal determinante das decisões de gasto com consumo é o próprio nível de renda corrente das famílias. Nos momentos em que a atividade econômica (isto é, o emprego e a renda) está crescendo, isso impulsiona o consumo, que, por sua vez, volta a estimular o crescimento do PIB em um autêntico mecanismo de *feedback* econômico de curto prazo.

Mas o consumo também depende das expectativas de renda futura e da capacidade de endividamento das famílias. Em geral, quando existe a ameaça de recessão, os consumidores adiam suas compras, sobretudo de bens duráveis, por puro receio de se tornarem inadimplentes. Mas a queda na demanda, sobretudo de duráveis, também pode decorrer do corte na oferta de crédito, consequência de uma postura pessimista do sistema financeiro. Em ambos os casos, a demanda pode apresentar quedas importantes e o pessimismo das famílias e dos bancos se tornar uma profecia autorrealizada. Por fim, os gastos com consumo são bastante afetados pelas taxas de juros. Juros altos estimulam o adiamento das compras de bens e serviços pelas famílias, que são estimuladas a buscar ganhos com ativos financeiros.

O que influencia o investimento privado (I)?

Como vimos, em linguagem econômica, "investir" significa adquirir ativos produtivos, sejam máquinas e equipamentos, instalações ou conhecimento (capital humano). Mas, diferentemente do que ocorre com o consumo, o gasto com investimento sempre visa a ganhos futuros. Portanto, as decisões de investimento do setor privado dependem, antes de tudo, do confronto entre as expectativas de retorno e o custo do capital a ser empregado na realização do projeto.

Ocorre que as expectativas relativas ao retorno de todo investimento produtivo sempre são formadas em condições de incerteza. Em momentos de crise, por exemplo, é mais difícil estimar os ganhos futuros decorrentes de uma decisão de investimento e, por isso, os empresários podem preferir esperar, adiando seus projetos. Uma vez mais, o pessimismo pode se tornar uma profecia autorrealizada, gerando queda nos gastos das empresas junto a seus fornecedores de máquinas, equipamentos, instalações etc. Em sentido contrário, empresários otimistas podem decidir ampliar a capacidade produtiva de suas empresas, aumentando a demanda por ativos produtivos e aquecendo a economia no curto prazo.

Da mesma forma, quando a taxa de juros se eleva, esses mesmos empresários podem concluir que o custo do capital se tornou mais elevado do que os retornos (incertos) de seu empreendimento, o que também derruba os gastos com a aquisição de bens de capital.

O que influencia o saldo do comércio exterior?

Já tratamos de diversos aspectos teóricos do comércio exterior no capítulo 1 e voltaremos ao tema no capítulo 5. No presente capítulo, vamos fazer breve referência a seus determinantes mais imediatos no contexto das flutuações de curto prazo da demanda agregada, o ciclo de negócios.

Como vimos, o saldo do comércio exterior $(X - M)$ é um dos determinantes da demanda agregada. Mas se as exportações de bens (mercadorias) e serviços (turismo, por exemplo) representam gastos realizados pelos estrangeiros ao adquirir parte da produção interna de um país, o contrário também é verdadeiro.

Assim, é preciso levar em conta que as importações representam parcela da demanda local que se desvia para o estrangeiro na forma de importações de bens (mercadorias) e serviços (turismo de nacionais no exterior, por exemplo). Por isso o efeito líquido do comércio exterior sobre a demanda agregada será o saldo das balanças comercial e de serviços. Esse saldo, por sua vez, depende essencialmente de três determinantes. O primeiro é o nível de atividade dentro do próprio país, isto é, a demanda agregada total. Afinal, tanto entre os bens de consumo quanto nos de investimento, e até mesmo nos gastos do governo, existe alguma parcela de importados. Portanto, quando a demanda agregada se expande, a parcela de importações que ele contém também cresce.

O segundo determinante é o nível de atividade no exterior, isto é, a demanda agregada nos outros países. E o terceiro é a taxa de câmbio, cujas alterações influenciam o preço dos bens transacionáveis (importados e exportados). Esses mecanismos serão tratados de forma detalhada no capítulo 5. A esses elementos podemos somar as práticas de comércio exterior, como a tributação dos produtos importados e toda uma série de medidas protecionistas analisadas no capítulo 1.

Resumo

Os conceitos apresentados neste capítulo estão entre os mais comentados nas análises macroeconômicas. Ao mesmo tempo, servem para confrontar o desempenho dos vários países do mundo em termos de crescimento e inflação. Por fim, estão diretamente relacionados ao comércio exterior e suas interfaces com outras dimensões da macroeconomia. Uma recessão em um país vizinho, por exemplo, pode afetar de maneira expressiva nossas exportações, caso ele seja um parceiro comercial relevante. Ao mesmo tempo, os indicadores de inflação são afetados pelo comportamento da taxa de câmbio, entre outros fatores.

A fim de avançarmos em nosso aprendizado no capítulo 4, devemos nos fazer as seguintes perguntas: de que forma os governos podem atuar no sentido de administrar as flutuações econômicas? Que ferramentas o setor público possui para estimular o crescimento e evitar o descontrole inflacionário, por exemplo? Qual a importância, para a estabilidade macro, de manter em ordem as contas públicas?

Compreendidos os principais indicadores macro apresentados no capítulo 3, já é possível avançar para o campo da política econômica. Por enquanto, vamos a exercícios de revisão, apresentados a seguir.

Exercícios de revisão

Exercício 1

Com os dados abaixo, calcule o valor monetário em US$ do produto nacional bruto nominal (PNB).

- ❏ PIB nominal de US$ 2.488.220 milhões.
- ❏ Renda recebida do exterior: US$ 5.780 milhões.
- ❏ Renda enviada ao exterior: US$ 39.970 milhões.

Exercício 2

O resultado do saldo de comércio global (conta transações correntes) de um país constitui um dos elementos-chave do comportamento da demanda agregada. Explique, de forma intuitiva, por que isso ocorre.

Exercício 3

Utilizando os dados abaixo, calcule:

a) o valor monetário em R$ do produto interno bruto (PIB) pela ótica de demanda agregada (ou do gasto agregado);
b) o grau de abertura deste país.

Itens	Valores (em milhões)
Consumo das famílias (C)	R$ 2.896.345
Investimentos governamentais (I_G)	R$ 641.798
Investimentos de empresas privadas estrangeiras (I_x)	US$ 369.853
Pagamento dos servidores públicos (Psp)	R$ 88.090
Outros gastos de custeio do governo (G)	R$ 148.750
Investimentos de empresas privadas nacionais (I)	R$ 450.030
Compra de ações por investidores estrangeiros (Ca)	US$ 3.975
Exportações totais (X)	US$ 871.100
Importações totais (M)	US$ 736.800

Considere uma taxa de câmbio de R$ = 1,87 por dólar para converter os valores expressos em moeda estrangeira.

4
Gestão macroeconômica: as políticas fiscal, monetária e creditícia

Como vimos no capítulo 3, a atividade econômica está sujeita a flutuações cíclicas. Ao longo desse processo, há dois extremos que devem ser evitados. Quando a demanda agregada se reduz exageradamente e o nível de produção e emprego começa a se contrair, a economia entra em recessão. No extremo oposto, quando a demanda cresce além do que a capacidade produtiva (oferta agregada) consegue suportar, a escassez de bens e serviços provoca a elevação contínua dos preços, isto é, inflação.

Nos mais variados países do mundo, os governos procuram utilizar ferramentas de política econômica com o objetivo de estabilizar o ciclo econômico (*business cycle*) na tentativa de evitar os dois males, isto é, tanto a inflação quanto o desemprego. Essas ferramentas abrangem, tipicamente, três grandes campos da ação: a política monetária, a política fiscal e a política cambial. Juntas, essas três políticas macroeconômicas compõem o "arsenal" de que dispõem os governos no sentido de estabilizar a economia no curto prazo, sem perder de vista os estímulos ao investimento e à produtividade, fundamentos do crescimento sustentado de longo prazo.

No presente capítulo, abordaremos as políticas fiscal e monetária, lado a lado com alguns conceitos que lhes são próximos, como os conceitos de finanças públicas e os diferentes indicadores de inflação. Já a política cambial será tratada em detalhes no capítulo 5.

> Ao final do presente capítulo, é importante que você, leitor, esteja certo de ter compreendido os seguintes elementos: a diferença entre política fiscal e monetária, os papéis distintos do Banco Central e do Tesouro Nacional, os diferentes conceitos de dívida e déficits públicos e os diversos indicadores de inflação com suas características distintivas.

Política fiscal e finanças públicas

Como vimos no capítulo 3, há dois tipos básicos de gastos públicos: com o custeio da máquina administrativa e com investimento. O primeiro tipo se estende desde os pagamentos de salários aos funcionários até os gastos com fornecedores de energia elétrica, material de expediente etc. Representamos todos esses gastos pela letra G. Em todos os casos, esses gastos representam a geração de demanda por parte do governo, como é o caso dos funcionários públicos: é como se o governo comprasse deles os serviços prestados. No Brasil, esses gastos respondem por cerca de 20% da demanda total na economia.

Mas o governo também gera demanda na economia por meio de seus gastos com investimento (I_G). São pagamentos feitos às construtoras, no caso das obras públicas, a fornecedores de equipamentos de TI, no caso da compra de computadores para uma escola e assim por diante.

Mas se os gastos governamentais somados são fonte de demanda, o governo também arrecada recursos na forma de tributos (impostos, taxas e contribuições). Pode-se chamar a arrecadação total do governo de T, que no caso brasileiro representa as receitas correntes governamentais (incluindo desde lucros de empresas estatais até eventuais aluguéis de imóveis recebidos pelo governo). Como regra, o nível de tributação reduz a capacidade de gasto do setor privado. Assim, rigorosamente, o consumo das famílias e mesmo o investimento privado são influenciados pelo nível da tributação. Por conta disso, a política fiscal pode ser utilizada para influenciar o comportamento do PIB no curto prazo, tanto pelo lado dos gastos do governo com custeio e investimento, quanto pelo lado da tributação. Graças a essa capacidade das variáveis fiscais de influenciar o comportamento da atividade econômica, a política fiscal se tornou uma das ferramentas do governo no sentido de influenciar a trajetória dos níveis de produção, emprego e renda.

O termo "política fiscal" deve ser compreendido exatamente nesse sentido, isto é, a gestão dos níveis e da composição do gasto público, realizada em paralelo à gestão do nível e da composição da carga de tributos.

Ocorre que a gestão da política fiscal também deve permanecer atenta à possibilidade de desequilíbrios de natureza financeira que, por sua vez, podem comprometer a eficácia dessa ferramenta em termos de sua influência sobre o nível de atividade econômica.

Assim como as empresas contabilizam e monitoram seus resultados período a período, o governo também deve zelar pelo equilíbrio de seus gastos em relação às receitas. O confronto entre essas receitas e despesas do setor público resulta em dois diferentes conceitos de déficit público (ou resultado do setor público).

Sempre que o total de gastos não financeiros do governo, isto é, suas despesas com custeio e investimento, excede a arrecadação tributária ($G + I_G > T$), dizemos que o governo incorreu em déficit público primário ou, alternativamente, que o resultado primário foi negativo. Apesar de sua importância e ampla divulgação na mídia, o resultado primário é parcial, pois considera apenas receitas e despesas não financeiras. Mas se considerarmos também o pagamento líquido de juros aos credores da dívida pública, que chamaremos de J, chegaremos ao conceito de déficit público nominal ou resultado nominal do setor público. Assim, pode ocorrer que um eventual superávit primário (isto é, $G + I_G < T$) seja insuficiente para o pagamento de juros em dado período contábil. Nesse caso, diz-se que o governo incorreu em déficit nominal ou, alternativamente, que o resultado nominal foi negativo ou deficitário ($G + I_G + J > T$).

O quadro 10 resume esses elementos.

Quadro 10
CONCEITOS FUNDAMENTAIS DAS CONTAS PÚBLICAS

Resultado primário	Resultado global ou nominal
$T - (G + I_G)$	$T - (G + I_G + J)$ ou $[T - (G + I_G)] - J$
Receitas tributárias (T) menos gastos com custeio da "máquina" do governo (G) e com investimento público (I_G).	Receitas tributárias (T) menos gastos totais do governo com custeio da "máquina" do governo (G), com investimento público (I_G) e com juros da dívida pública (J). Isto é: resultado primário – juros
Haverá déficit primário quando $T < (G + I_G)$ Haverá superávit primário quando $T > (G + I_G)$	Haverá déficit nominal quando $T < (G + I_G + J)$ Haverá superávit nominal quando $T > (G + I_G + J)$

Fonte: adaptado de Gonçalves e colaboradores (2011:81).

Em resumo, as variáveis da política fiscal são ferramentas estratégicas de política econômica utilizadas para estabilizar as flutuações cíclicas da demanda agregada. De um lado, a política fiscal se refere à gestão dos níveis de gasto público que, por sua vez, interferem de forma direta no comportamento do PIB no curto prazo; de outro, os tributos alteram o potencial de gasto do setor privado e afetam o PIB de forma indireta.

Mas uma vez que o governo tenha, em algum momento, gasto além de suas receitas correntes, terá de se endividar. Com isso, soma-se aos elementos que merecem atenção dos gestores da política fiscal o pagamento de juros aos credores do setor público. Como podemos ver no quadro 10, sempre que há déficit nominal, isso significa que, considerando todas as receitas e todas as despesas, o governo gastou mais do que arrecadou. Por isso, o déficit nominal também é chamado de "necessidade de financiamento do setor público" (ou simplesmente NFSP). Isso porque, se o gasto total, incluindo o pagamento de juros, exceder a arrecadação em um dado período contábil, o setor público deverá tomar recursos emprestados para não deixar de honrar seus compromissos. Compreende-se, assim, que a ocorrência de déficit nominal resulta na elevação do montante da dívida pública ao gerar uma "necessidade de financiamento". Por outro lado, sempre que houver superávit nominal, o governo poderá reduzir seu endividamento líquido ao resgatar parte de sua dívida em mercado ou adquirir ativos.

O quadro 11 apresenta os valores para os déficits primário e nominal no Brasil entre 2003 e 2011, além do montante de juros e da relação dívida/PIB no mesmo período.

Quadro 11
PRINCIPAIS INDICADORES FISCAIS NO BRASIL – 2003-2011 (% DO PIB)

	2003	2004	2005	2006	2007	2008	2009	2010	2011
Déficit nominal	5,2	2,6	3,3	3,3	2,3	1,5	3,3	2,2	2,4
Juros nominais	9,5	7,2	8,1	7,7	6,3	5,6	5,4	5,0	5,7
Déficit primário	–4,3	–4,6	–4,8	–4,4	–4,0	–4,1	–2,1	–2,8	–3,3
Relação dívida/PIB	49,3	47,8	46,5	44,9	42,8	36,0	42,9	40,7	36,6

Fonte: Boletim do Banco Central do Brasil, maio 2012. Disponível em: <www.bcb.gov.br>. Acesso em: 2 jul. 2012.

Como ocorre com todo agente econômico, os governos também têm seus limites de crédito. Assim, caso a dívida pública cresça em excesso, gerando incertezas sobre a capacidade de pagamento por parte do governo, é possível que bancos, fundos e mesmo pessoas físicas (através da aquisição de títulos da dívida pública por meio do chamado "Tesouro Direto") não se disponham mais a emprestar ao setor público adquirindo títulos governamentais.

Por conta disso, como regra, os governos procuram manter a relação dívida pública/PIB dentro de certos limites. Isso porque, se a dívida pública crescer mais do que o PIB, pode-se criar um descompasso entre a dívida, que gera um encargo corrente em termos de juros a pagar, e a arrecadação tributária, cujo montante tende a acompanhar as variações da atividade econômica mensurada pelo PIB.

Outro aspecto relevante é que os gastos excessivos do setor público podem "deslocar" o gasto privado. Isso pode ocorrer quando os governos tomam recursos emprestados ao sistema financeiro, competindo com o setor privado, que também busca empréstimos. A escassez de crédito resultante pode reduzir tanto os níveis de consumo privado (C) quanto de investimento privado (I), recompondo a demanda agregada em favor dos gastos públicos ($G + I_G$).

Já em momentos de crise, quando o pessimismo deprime os gastos privados, os gastos públicos podem ser usados para conter a tendência recessiva, estimulando o gasto privado.

Política monetária e índices de inflação

A política monetária é um dos instrumentos mais eficazes de ação à disposição dos governos para estabilizar as flutuações da demanda agregada. Seu principal instrumento é a taxa de juros básica, fixada pelos bancos centrais.

Mas aqui cabe uma nota de advertência. A taxa de juros básica, conhecida no Brasil como Selic, muito embora seja fixada pelo Banco Central, é a mesma que incide sobre a dívida pública, gerando o montante de juros pagos pelo setor público a seus credores e que foi representado na seção anterior por *J*.

Esse fato gera um nexo de grande relevância entre as políticas monetária e fiscal que será detalhado a seguir. Por enquanto, é importante que o leitor esteja atento e seja capaz de distinguir os diferentes atores em cena.

Quando falamos de política fiscal, devemos pensar no Tesouro Nacional, responsável pelos gastos públicos, na Receita Federal, encarregada da arrecadação, e no pagamento de juros pelo setor público a seus credores.

Já quando falamos de política monetária e de controle inflacionário por meio da fixação da taxa básica de juros, devemos ter em mente o Banco Central. Ainda que este não seja totalmente independente do governo em alguns países, como o Brasil, trata-se de um agente distinto, jurídica e contabilmente.

Um exemplo ilustrativo se refere à dívida pública. Muito embora o Banco Central atue como agente financeiro do Tesouro, negociando seus títulos junto ao mercado financeiro, esses títulos são de emissão e responsabilidade do Tesouro. Assim, quando o Banco Central eleva a taxa básica de juros e a dívida pública se torna mais onerosa, cabe ao governo promover o "aperto" necessário nos gastos ou a expansão necessária da arrecadação com o objetivo de aumentar o superávit primário e compensar a elevação dos gastos financeiros. Só assim será possível evitar eventuais crescimentos exagerados da dívida pública que possam comprometer a capacidade de pagamento do setor público.

Mas quando o tema é controle inflacionário, uma dúvida comum se refere aos diferentes índices de preço. No Brasil, temos uma infinidade deles e cada um revela uma face do fenômeno inflacionário. Vamos explorar a questão a seguir.

Índices de Inflação

A mensuração da inflação é um tema que gera algumas controvérsias. Muitas pessoas estranham o grande número de índices de preço e as aparentes divergências entre as diferentes inflações medidas por eles. Essas questões têm sua razão de ser. Para sanar a confusão, deve-se começar definindo inflação de forma clara:

> Inflação é a elevação generalizada de preços.

Assim, altas de um preço compensadas pela queda de outros não caracterizam um quadro inflacionário, mas apenas alterações relativas nos preços. A inflação acontece quando os preços como um todo estão se elevando, ainda que uns subam mais rapidamente que outros.

Mas, ao mesmo tempo, a ideia de inflação com alta generalizada de preços também pode ser aplicada a diferentes universos de bens e serviços. Por exemplo: a inflação pode ser mensurada para a economia como um todo, somente para os preços praticados no atacado, apenas no varejo (os chamados preços ao consumidor) ou ainda de forma regionalizada. Portanto, não é incorreto falar sobre "inflação regional" ou "inflação setorial", "inflação de alimentos" ou "inflação de serviços". Desde que haja uma elevação generalizada de preços dentro de determinado universo de análise, o termo estará correto.

O quadro 12 resume as características dos principais índices de preço no Brasil, algumas das quais merecem atenção especial.

O IGP-DI (índice geral de preços – disponibilidade interna) é o mais antigo indicador de inflação de abrangência nacional. Sua série se inicia em 1944. Como toda a família de IGPs, o IGP-DI é calculado pela Fundação Getulio Vargas (FGV) e resulta da combinação de três outros indicadores de inflação:

- o IPA (índice de preços no atacado), com peso de 60%;
- o IPC (índice de preços ao consumidor), com peso de 30%;
- o INCC (índice nacional de custos da construção), com peso de 10%.

Quadro 12

PRINCIPAIS INDICADORES DE INFLAÇÃO NO BRASIL E SUAS CARACTERÍSTICAS

Órgão responsável	Índice	Componentes	Faixa de renda em salários mínimos	Área geográfica	Período de apuração*	Dia de divulgação	Ano de início da série
IBGE	IPCA-15	Não há	1 a 40	11 regiões metropolitanas**	Dia 15 MA a dia 14 MR	Até dia 25	2000
	IPCA				Dia 1 MR a dia 30 MR	Até dia 15	1979
	INPC		1 a 5				
FGV	IGP-10	IPA-10	O IPC da FGV é calculado para a faixa entre 1 e 33	O IPC da FGV é calculado em 12 áreas metropolitanas (além das 11 pesquisadas pelo IBGE, inclui também Florianópolis)	Dia 10 MA a dia 9 MR	Até dia 20	1994
		IPC-10					
		INCC-10					
	IGP-M	IPA-M			Dia 21 MA a dia 20 MR	Até dia 30, com prévias nos dias 10 e 20	1989
		IPC-M					
		INCC-M					
	IGP-DI	IPA-DI			Dia 1 MR a dia 30 MR	Até dia 10	1944
		IPC-DI					
		INCC-DI					
Fipe-USP	IPC-Fipe	Não há	1 a 20	Região Metropolitana de São Paulo	Dia 1 MR a dia 30 MR	Até dia 10	1939

Fonte: adaptado a partir de Banco Central do Brasil (2010).

* MR = mês de referência; MA = mês anterior.
** São Paulo, Rio de Janeiro, Belo Horizonte, Porto Alegre, Curitiba, Salvador, Recife, Fortaleza e Belém do Pará, além de Goiânia e Brasília. Nas duas últimas, a pesquisa se restringe a cada uma das cidades.

ECONOMIA INTERNACIONAL

O grande peso atribuído ao IPA confere ao IGP certa volatilidade, uma vez que os preços no atacado são muito influenciados pelas variações cambiais e pelos preços internacionais de commodities, ambos muito instáveis. Cada um dos IGPs tem sua própria família de IPAs, IPCs e INCCs, mas as ponderações utilizadas para o cálculo do índice geral são sempre as mesmas.

O IGP-M (índice geral de preços de mercado) passou a ser divulgado em 1989 e foi contratado à FGV por iniciativa do setor privado. A metodologia é idêntica à do IGP-DI, mas o período de coleta de preços foi antecipado. Assim, enquanto o IGP-DI estima a alta de preços que ocorre entre o dia 1 e o dia 30 do mês de referência, o período de coleta de dados do IGP-M compreende o intervalo entre o dia 21 do mês anterior e o dia 20 do mês de referência. Com isso, a divulgação do IGP-M é feita até o dia 29 do mês de referência, o que favorece seu uso como indexador de contratos privados que, como regra, seguem o mês-calendário. O quadro 13 apresenta um comparativo entre os períodos de referência e as datas de divulgação dos IGPs. As barras horizontais mostram os períodos de referência, e os números em negrito destacam as datas de divulgação do IGP-M e do IGP-DI, respectivamente.

Quadro 13
IGP-DI E IGP-M: PERÍODOS DE REFERÊNCIA DOS ÍNDICES E DATAS DE DIVULGAÇÃO

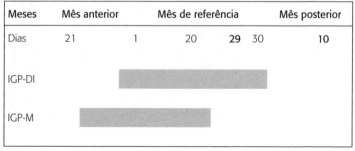

Fonte: FGV-Ibre.

Entre os índices ao consumidor do IBGE, uma diferenciação relevante se refere ao índice nacional de preços ao consumidor (INPC) *versus* o índice de preços ao consumidor amplo (IPCA). Como o IPCA tem por referência os hábitos de consumo das famílias com renda até 40 salários mínimos, acaba incorporando mais itens de serviço. Como os preços desses itens são mais estáveis, o IPCA acaba se tornando um dos indicadores de inflação menos voláteis, o exato oposto do IPA. Por sua vez, o INPC toma como referências o padrão de gastos das famílias com renda até cinco salários mínimos e, por isso, é menos influenciado pelo comportamento dos serviços na comparação com o IPCA.

Por fim, o índice de preços ao consumidor (IPC) da Fundação Instituto de Pesquisas Econômicas (Fipe) mede a inflação apenas na cidade de São Paulo. Sua série teve início antes mesmo da criação do IGP-DI, ainda na década de 1930. Dada a relevância da Região Metropolitana de São Paulo no cálculo dos demais índices de preço ao consumidor, o IPC da Fipe acaba tendo um comportamento muito próximo de outros indicadores, como o IPC da FGV e o IPCA do IBGE.

A tabela 1 apresenta as variações percentuais de alguns dos índices que constam no quadro 12. É possível notar que, ao contrário do que muitos imaginam, não existem índices de preços sistematicamente mais altos do que outros. É comum a confusão entre volatilidade (mais acentuada no caso dos IGPs e menor no caso dos índices ao consumidor, especialmente o IPCA) e viés. Bons índices de preço não são viesados e, portanto, as diferenças entre eles tendem a se compensar ao longo do tempo.

Tabela 1
PRINCIPAIS INDICADORES DE INFLAÇÃO: VARIAÇÃO PERCENTUAL ANUAL
NO PERÍODO 2002-2011

Ano	IGP-DI	IGP-M	INPC	IPCA
2002	26,41	25,31	14,74	12,53
2003	7,67	8,71	10,38	9,30
2004	12,14	12,41	6,13	7,60
2005	1,22	1,21	5,05	5,69
2006	3,79	3,83	2,81	3,14
2007	7,89	7,75	5,16	4,46
2008	9,10	9,81	6,48	5,90
2009	-1,43	-1,72	4,11	4,31
2010	11,47	11,32	6,47	5,91
2011	5,00	5,09	6,08	6,50

Fonte: Ipeadata. Disponível em: <www.ipeadata.gov.br>. Acesso em: 20 jul. 2012.

A tabela 2 permite a comparação entre os níveis recentes de inflação ao consumidor em diferentes países do mundo.

Tabela 2
TAXAS DE INFLAÇÃO AO CONSUMIDOR EM PAÍSES SELECIONADOS
2002-2011 (VARIAÇÃO PERCENTUAL ACUMULADA NO ANO)

Ano	Brasil	EUA	Alemanha	Argentina	Chile	Japão
2002	12,5	2,6	1,1	39,6	3,0	-0,3
2003	9,3	1,9	1,2	2,7	0,8	-0,4
2004	7,6	5,0	2,8	10,1	3,1	0,2
2005	5,7	4,0	2,1	12,2	4,1	-0,4
2006	3,1	3,8	2,7	10,7	3,8	0,3

Continua

Ano	Brasil	EUA	Alemanha	Argentina	Chile	Japão
2007	4,5	4,1	2,4	8,3	5,8	0,7
2008	5,9	0,1	1,4	7,2	7,1	1,0
2009	4,3	2,7	0,9	5,5	6,0	−0,1
2010	5,9	1,5	1,1	10,9	1,7	−0,7
2011	6,5	3,0	2,1	9,7	4,4	−0,2

Fonte: Ipeadata. Disponível em: <www.ipeadata.gov.br>. Acesso em: 20 jul. 2012.

Todos os índices listados na tabela 2 se referem a preços praticados no varejo, os chamados preços ao consumidor. Esse também é o foco do chamado regime de metas para a inflação, forma padrão de atuação dos bancos centrais na gestão da política monetária, como veremos a seguir.

O regime de metas para a inflação

A tarefa de estabilizar as flutuações econômicas, evitando desvios excessivos da demanda agregada em relação à oferta potencial, também está a cargo dos bancos centrais e da política monetária por eles gerida.

Desde o final do século passado, em um número crescente de países, essa missão estabilizadora da política monetária tem tomado a forma do chamado regime de metas para a inflação. Como vemos no quadro 14, o país pioneiro na adoção dessa estratégia de política monetária foi a Nova Zelândia, em 1990. O regime está em vigor no Brasil desde 1999, e foi adotado tardiamente pelo Federal Reserve, o Banco Central norte-americano, em fevereiro de 2012.

Quadro 14
ALGUNS PAÍSES QUE ADOTAM O REGIME DE METAS PARA A INFLAÇÃO,
DATA DA ADOÇÃO E META EM VIGOR

País	Data de adoção do regime	Meta de inflação anual (desvio tolerado)
Nova Zelândia	1990 (pioneiro)	De 1% a 3%
Canadá	1991	De 1% a 3%
Reino Unido	1992	2%
Israel	1992	De 1% a 3%
República Tcheca	1998	2%
Brasil	1999	4,5% (+ ou − 2%)
Chile	1999	3% (+ ou − 1%)
Colômbia	1999	De 2% a 4%
Hungria	2001	3%
México	2001	3% (+ ou − 1%)
Turquia	2006	5%
EUA	2012	2%

Fonte: Bank of England (2012:18 e segs.).

O regime de metas se baseia em um conjunto simples de regras que definem os movimentos da taxa de juros básica em função do comportamento da inflação relativamente a uma meta ou alvo previamente definido.

Tipicamente, o indicador de inflação escolhido para ser a variável de controle do regime é um índice de preços ao consumidor. Graças à sua maior previsibilidade e ao fato de estar menos sujeito às variações bruscas de câmbio e dos preços da energia e das commodities, o IPCA foi escolhido como o índice de referência no Brasil.

Feita a escolha do indicador, passa-se à fixação da meta. Desde 2005, o Banco Central do Brasil persegue um alvo de

4,5% para o IPCA a cada ano. No caso brasileiro, a meta é definida em junho de cada ano para vigorar dois anos à frente. Em nosso país, adota-se ainda um intervalo de tolerância de + 2 e – 2 pontos percentuais em relação ao centro da meta, que é de 4,5%. O quadro 14 também nos mostra que muitos países não adotam esse intervalo.

Figura 14
INFLAÇÃO E DESEMPREGO AO LONGO DO CICLO ECONÔMICO

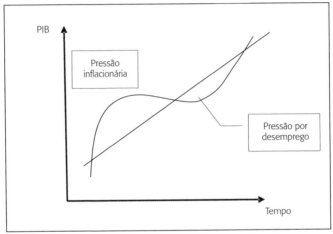

A partir daí, sempre que a inflação se desvia muito do alvo para mais, o Banco Central deve interpretar esse movimento como um excesso de demanda, isto é, uma aceleração exagerada da atividade econômica, incompatível com o potencial de oferta agregada. Para reduzir esse desvio, a taxa de juros básica é elevada, provocando o relativo esfriamento da demanda. No sentido contrário, sempre que a inflação se desvia da meta para menos, esse movimento denota que a economia está desacelerando e, portanto, poderá entrar em recessão, causando aumento do desemprego. A fim de evitar esse outro mal, o Banco Central deve cortar a taxa básica, tornando o crédito mais barato e estimulando o gasto total na economia.

A figura 14 mostra o ciclo econômico e as fases associadas às pressões por inflação e desemprego. Atuando de acordo com as regras simples do regime de metas, os bancos centrais estão, indiretamente, contribuindo para estabilizar o ciclo econômico. Isso porque a ameaça de inflação alta demais está associada ao crescimento excessivo da demanda durante a fase ascendente do ciclo. Contrariamente, na fase descendente, a inflação cai, mas à custa de um menor nível de atividade que traz consigo a ameaça do desemprego.

Cortando os juros para evitar o excesso de demanda e baixando os juros para evitar a recessão, os bancos centrais visam inibir dois males decorrentes de flutuações cíclicas muito acentuadas: a inflação muito alta e o desemprego muito elevado.

A relação entre inflação e taxa de juros Selic no Brasil no período 2004-2012 está expressa na figura 15. As linhas paralelas representam os limites mínimo e máximo do intervalo de tolerância em torno da meta de inflação.

Figura 15
SELIC, IPCA E METAS DE INFLAÇÃO NO BRASIL (2004-2012)

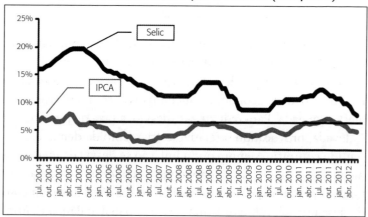

Fonte: Ipeadata. Disponível em: <www.ipeadata.gov.br>. Acesso em: 20 jul. 2012.

É possível notar o grande sucesso do regime de metas para a inflação no Brasil. Sempre que a inflação ameaçou se situar acima do limite máximo de tolerância de 6,5%, a elevação da Selic conteve a alta de preços, forçando a convergência para o centro da meta. Adicionalmente, os níveis de taxas de juros requeridos para o bom funcionamento do regime têm se reduzido. Sobretudo na comparação com os anos iniciais, a partir de 1999, os picos que a taxa Selic atinge durante os ciclos de alta requeridos pelo combate à inflação têm sido cada vez mais baixos, sem que a eficácia da política monetária seja comprometida.

Os compulsórios e a política creditícia

Como vimos no capítulo 3 e novamente na seção anterior, o Banco Central utiliza a taxa de juros básica como instrumento para estabilizar as flutuações da demanda agregada e manter a inflação sob controle. No entanto, sobretudo nos países emergentes, existe outro mecanismo à disposição do Banco Central para controlar a oferta de crédito: os chamados depósitos compulsórios.

Até o início do século XIX, os bancos eram livres para manter seus próprios volumes de reservas usadas como provisão em caso da ocorrência de grande volume de saques. Com o tempo, os bancos centrais chamaram para si a atribuição de fixar os percentuais mínimos para essas reservas e, para facilitar a fiscalização, passaram a exigir que essas reservas fossem depositadas neles próprios. Daí o termo "depósitos compulsórios".

Para compreender como essa ferramenta é utilizada, vamos ver, inicialmente, de que forma os bancos geram crédito e criam moeda na forma meramente escritural.

Suponha que, em uma economia simplificada, exista apenas um banco e que um cliente qualquer possua $ 1.000. Agora suponha que essa pessoa decida manter 30% desse valor na forma de cédulas e moedas em sua carteira. Em termos técnicos, essa é a chamada "moeda manual". O restante é depositado no banco em conta-corrente. Assim, em um primeiro momento, existe neste banco um depósito de $ 700 e o cliente conta com esse valor para realizar pagamentos por meio de débitos em sua conta. Agora, imagine que o compulsório exigido por norma do Banco Central seja de 10% do valor dos depósitos. O banco irá manter $ 70 em reserva compulsória e emprestar o restante do depósito, isto é, $ 630. Agora, imagine que cada tomador de empréstimos junto ao banco repita o processo, sacando e mantendo no bolso 30% do valor de cada empréstimo e mantendo o restante em conta-corrente para movimentar em operações bancárias. A cada novo depósito, o banco volta a reservar 10%, emprestando o restante. O processo de multiplicação escritural da moeda pelo banco é mostrado na tabela 3.

Tabela 3
CRIAÇÃO DE MOEDA ESCRITURAL PELOS BANCOS

Valor inicial (VI)	Moeda manual (30% de VI)	Depósitos à vista (70% de VI)	Reserva bancária (10% de DV)	Empréstimos (90% de DV)
1.000,00	300,00	700,00	70,00	630,00
630,00	189,00	441,00	44,10	396,90
396,90	119,07	277,83	27,78	250,05
250,05	75,01	175,03	17,50	157,53
157,53	47,26	110,27	11,03	99,24
99,24	29,77	69,47	6,95	62,52
62,52	18,76	43,77	4,38	39,39
39,39	11,82	27,57	2,76	24,82
24,82	7,44	17,37	1,74	15,63
15,63	4,69	10,94	1,09	9,85
9,85	2,95	6,89	0,69	6,21
6,21	1,86	4,34	0,43	3,91
Somatório	807,64	1.884,50	188,45	1.696,05

A partir do valor inicial de $ 1.000, depois de algumas etapas, o banco já criou quase $ 1.700 em empréstimos. Como as pessoas utilizam tanto a moeda manual ($ 807,64) quanto os depósitos à vista ($ 1.884,50) para realizar seus pagamentos, no todo existem quase $ 2.700 de meios de pagamento. Assim, o valor inicial foi alavancado 2,7 vezes pelo crédito bancário. Esse valor é comumente conhecido como "multiplicador bancário" e mede a capacidade dos bancos de criar moeda escritural ao reemprestar diversas vezes os mesmos valores físicos.

Caso o Banco Central desejasse frear o crédito bancário para, dessa forma, esfriar a demanda e combater a inflação, bastaria elevar o percentual de compulsórios. A tabela 4 ilustra esse efeito.

Tabela 4
EFEITOS DA ELEVAÇÃO DO COMPULSÓRIO

Valor inicial (VI)	Moeda manual (30% de VI)	Depósitos à vista (70% de VI)	Reserva bancária (15% de DV)	Empréstimos (85% de DV)
1.000,00	300,00	700,00	105,00	595,00
595,00	178,50	416,50	62,48	354,03
354,03	106,21	247,82	37,17	210,64
210,64	63,19	147,45	22,12	125,33
125,33	37,60	87,73	13,16	74,57
74,57	22,37	52,20	7,83	44,37
44,37	13,31	31,06	4,66	26,40
26,40	7,92	18,48	2,77	15,71
15,71	4,71	11,00	1,65	9,35
9,35	2,80	6,54	0,98	5,56
5,56	1,67	3,89	0,58	3,31
3,31	0,99	2,32	0,35	1,97
Somatório	739,28	1.724,99	258,75	1.466,24

Note, leitor, que o valor inicial é o mesmo e se mantém em $ 1.000. No entanto, como o banco agora deve reservar 15% e não mais 10% de cada depósito, sua capacidade de multiplicação foi reduzida. Os meios de pagamento (moeda manual + depósitos à vista) estão convergindo agora para $ 2.500 e, portanto, o novo valor do multiplicador monetário é 2,5.

Concluímos que o volume de crédito na economia e, portanto, o nível da demanda agregada podem ser influenciados por ambas as ferramentas à disposição do Banco Central: a taxa de juros básica e a política de compulsórios.

É interessante destacar que os países mais desenvolvidos abandonaram as alterações de compulsórios enquanto instrumentos de política monetária. Seus bancos centrais utilizam apenas a taxa de juros básica no controle da inflação e a estabilização do ciclo econômico. Isso porque o compulsório é considerado um instrumento muito drástico. Quando elevado, por exemplo, não há flexibilidade possível para os bancos, os quais são obrigados a reduzir o volume de crédito de forma quase imediata. Já quando a taxa de juros básica se eleva, a decisão de continuar ofertando crédito ou comprar títulos públicos melhor remunerados continua sendo dos bancos que, assim, poderão escolher o melhor momento para recompor suas carteiras, negociando com seus clientes.

Resumo

O acompanhamento da execução das políticas monetária e fiscal, tratado neste capítulo, constitui um tema muito importante para a correta compreensão da dinâmica dos negócios internacionais.

Durante a crise internacional iniciada em 2008, as variáveis que acabamos de analisar ganharam destaque e a gestão macroeconômica nos dois campos, fiscal e monetário, fizeram a diferença.

No capítulo seguinte avançaremos para a análise das contas externas, e as relações com os temas tratados neste capítulo terão papel-chave. Veremos que o comportamento dos juros e das contas públicas tem impacto significativo sobre a contabilidade externa dos países.

A seguir, apresentamos exercícios que lhe permitirão avaliar seu grau de aproveitamento do conteúdo deste capítulo.

Exercícios de revisão

Exercício 1

Os modernos bancos centrais têm por principal objetivo manter a taxa de inflação controlada. Para isso, fazem uso das taxas de juros básicas – no caso brasileiro, a taxa Selic. No entanto, a política monetária tem diversos "efeitos colaterais". Supondo que o Banco Central está elevando a taxa de juros, qual é o impacto imediato sobre as finanças públicas? Explique.

Exercício 2

Suponha que as políticas monetária e fiscal estão adotando um padrão expansionista, isto é, as taxas de juros estão baixando e os gastos públicos estão aumentando. Essa combinação deverá ter diversos efeitos sobre a atividade econômica (crescimento do PIB no curto prazo), o nível de preços (inflação) e o comércio exterior. Explique, de forma intuitiva, quais seriam os efeitos esperados de tal política expansionista sob cada uma dessas variáveis.

Exercício 3

O Brasil dispõe de vários índices de preços – medidas de inflação. Qual é o índice de preços oficial adotado no regime de metas para a inflação? Explique por que ele foi o escolhido.

5

O mercado cambial e as instituições do comércio internacional

Os efeitos da gestão macroeconômica, tratados no capítulo 4, variam muito de país para país em função do grau de envolvimento econômico com o restante do mundo. Neste capítulo, centrando nossa atenção sobre a dinâmica das contas externas, mostraremos sua relevância enquanto fonte de informação para os profissionais de comércio exterior e negócios internacionais. Adicionalmente, veremos como a política econômica pode agir nessa frente específica. Por fim, voltaremos ao tema das relações econômicas entre países, tratado no capítulo 1, mas agora sob uma ótica mais completa do ponto de vista macroeconômico. Ao final do capítulo, tratamos de algumas das mais importantes instituições dedicadas a organizar o comércio internacional.

Entre as ferramentas analíticas que apresentaremos neste capítulo, merecem destaque especial os regimes cambiais e o balanço de pagamentos.

> Ao final do presente capítulo, é importante que você, leitor, esteja certo de ter compreendido os seguintes elementos: o balanço de pagamentos e suas principais contas, a taxa de juros e de câmbio como determinantes para as contas externas e também para os investimentos estrangeiros no país, as taxas de câmbio nominal e real e o conceito de paridade de taxa de juros.

A contabilidade externa

Todas as transações econômicas entre países envolvem a movimentação de divisas (moeda estrangeira). Por conta disso, a fim de permitir comparações consistentes e monitoramento contínuo, essas transações seguem um padrão internacional de registros contábeis denominado balanço de pagamentos. Assim, devem ser levadas a registro no balanço de pagamentos todas as transações entre os residentes em um país e os não residentes.

São considerados residentes:

- moradores permanentes, inclusive aqueles nascidos em outros países e aqueles que estão temporariamente no exterior;
- empresas sediadas no país, inclusive as filiais de empresas estrangeiras;
- esferas do governo, inclusive embaixadas e consulados sediados em outros países.

O plano de contas do balanço de pagamentos é idêntico para todos os países e determinado contabilmente pelo Fundo Monetário Internacional (FMI). Os registros contábeis no balanço de pagamentos são elaborados dentro do princípio das partidas dobradas: a um débito em determinada conta deve corresponder um crédito em alguma outra e vice-versa (exceto a conta "transferências unilaterais"), e são contabilizados na unidade de conta para transações internacionais – normalmente em dólar norte-americano.

Quando o fato gerador da transação dá origem a uma entrada de recursos para o país, a conta correspondente é creditada (ou seja, lançada com sinal positivo). Quando origina uma saída de recursos, a conta em questão é debitada pelo valor correspondente (lançamento com sinal negativo).

A estrutura das contas do balanço de pagamentos é dividida em quatro partes:

- *transações correntes*: englobam os fluxos de comércio de bens e serviços (de fatores e de não fatores) e transferências unilaterais;
- *conta capital e financeira* (capitais autônomos): engloba as transferências de moeda, empréstimos, financiamentos e investimentos internacionais;
- *erros e omissões*: têm como objetivo corrigir ou ajustar o balanço de pagamentos;
- *movimento de capitais compensatórios*: engloba as contas que representam o "fechamento" do saldo total do balanço de pagamentos – inclui a variação de reservas internacionais, os empréstimos compensatórios do FMI e os atrasados comerciais.

No quadro 15, apresentamos a estrutura sintética do balanço de pagamentos e as especificidades de cada uma de suas principais contas, a saber:

- *balança comercial*: registra a movimentação de mercadorias. As exportações e importações são contabilizadas de acordo com o valor de embarque da mercadoria, sem considerar os custos relacionados ao transporte modalidade *free on board* (abreviada FOB, a expressão inglesa significa livre para embarcar e se refere ao valor da mercadoria antes de incluir os valores dos transportes, fretes e seguros). O saldo dessa conta corresponde à diferença entre a receita gerada pelas exportações e a despesa proveniente das importações. O saldo positivo indica superávit da balança comercial, enquanto o negativo representa uma situação de déficit comercial;
- *balança de serviços*: registra as transações relacionadas à prestação de serviços entre os residentes e não residentes. Alguns exemplos típicos são as transações relacionadas ao turismo internacional, seguros e fretes marítimos contratados no exterior;

❏ **balança de rendas**: registra a remuneração pela utilização dos fatores de produção de origem estrangeira, tais como: patentes, marcas, *royalties*, força de trabalho (salários) e de capitais produtivo e financeiro (lucros, dividendos e juros);

Quadro 15
ESTRUTURA SINTÉTICA DO BALANÇO DE PAGAMENTOS

Transações correntes	I. Balança comercial	+ Exportações de bens (FOB) – Importações de bens (FOB)
	II. Balança de serviços	+ Exportações de serviços – Importações de serviços
	III. Balança de rendas	+ Rendas recebidas do exterior – Rendas enviadas ao exterior
	IV. Transferências unilaterais	+ Doações recebidas do exterior – Doações enviadas ao exterior
	V. Saldo em transações correntes = I + II + III + IV	
Conta de capitais e financeira	VI. Investimento estrangeiro direto	+ Ingressos de capitais produtivos – Remessas de capitais produtivos
	VII. Empréstimos e financiamentos	+ Captação de empréstimos e financiamentos – Pagamentos de amortizações
	VIII. Capitais de curto prazo	+ Ingressos de capitais de curto prazo – Remessas de capitais de curto prazo
	IX. Outros capitais	+ Outros ingressos – Outras remessas
	X. Saldo na conta de capitais = VI + VII + VIII + IX	
	XI. **Erros e omissões**	
	XII. **Saldo final = variação nas reservas internacionais = V + X + XI**	

❏ *transferências unilaterais*: não representam atos de compra e venda. As transferências envolvem pagamentos e recebimentos em moedas estrangeiras e em bens sem a contrapartida do beneficiário.

Alguns exemplos são doações de caráter humanitário e remessas de renda por emigrantes para as famílias no país;

❑ *conta de capital e financeira*: registra os fluxos financeiros entre residentes e não residentes. O saldo da conta de capital corresponde à diferença entre as vendas de ativos aos estrangeiros e as compras de ativos dos estrangeiros. Os investimentos diretos representam os recursos destinados à aplicação em atividades produtivas (plantas, máquinas, equipamentos, entre outros). Já os investimentos em carteira representam as aplicações em títulos públicos, ações e derivativos no mercado financeiro. A rubrica "outros investimentos" engloba os empréstimos, financiamentos e movimentação de depósitos na forma de disponibilidade, cauções e depósitos judiciais;

❑ *erros e omissões*: ajustam o balanço de pagamentos quando o saldo entre crédito e débito for diferente de zero, situação que pode ocorrer devido à presença de discrepâncias temporais entre as fontes de dados utilizadas e subestimação ou superestimação de algumas informações registradas (ajuste ou retificação);

❑ *saldo final do balanço de pagamentos*: se deficitário pode ser financiado por meio de utilização de reservas internacionais ou pela aquisição de empréstimos de regularização. Quando o país não dispõe de reservas internacionais e não consegue empréstimo para financiar o déficit, os pagamentos destinados aos não residentes são postergados e creditados na categoria "atrasados", levando o país a uma possível moratória de sua dívida externa;

❑ *movimento de capitais compensatórios*: é o demonstrativo de resultados do balanço de pagamentos. Isso significa que um superávit no saldo final do balanço de pagamentos corresponde a um lançamento contábil negativo na conta reservas internacionais. A conta de capitais compensatórios envolve a variação de reservas em moeda estrangeira em quatro categorias:

❑ variações de moedas e títulos estrangeiros de curto prazo em poder das autoridades monetárias;
❑ liquidez internacional à disposição dos residentes do país: ouro monetário, direito especial de saque (DES) e a posição de reservas no FMI;
❑ empréstimos de regularização junto a organismos internacionais (FMI);
❑ atrasados (compromissos não honrados nos prazos estabelecidos).

O direito especial de saque (DES) representa uma moeda de reserva internacional distribuída proporcionalmente de acordo com a cota de cada país-membro do FMI. Atua como um complemento de reservas internacionais e representa uma possibilidade de recursos caso o país enfrente dificuldades. Pode ser utilizado para cobrir suas posições externas, com o objetivo principal de fortalecer a posição das reservas internacionais e mitigar o risco de ataques especulativos. É como um cheque especial fornecido aos países.

Determinantes das relações comerciais e financeiras

Compreendidas as regras contábeis que definem a estrutura do balanço de pagamentos, podemos passar, agora, aos fatores que influenciam as relações econômicas internacionais nele registradas.

No âmbito interno, as duas principais variáveis econômicas que influenciam as contas do balanço de pagamentos são a taxa de juros e a taxa de câmbio. Até certo ponto, ambas podem ser influenciadas pela ação da política econômica.

No âmbito externo, as taxas de juros internacionais e o ritmo de crescimento da economia mundial também são relevantes. E, como resultado de todo um conjunto de fatores, o ritmo de crescimento do PIB é o último fator relevante a influenciar o balanço de pagamentos.

Vamos começar analisando as relações entre juros e câmbio. Suponha que um país esteja praticando juros elevados para combater a inflação. Tudo o mais constante, isso torna o país relativamente mais atrativo para o capital especulativo de curto prazo. Isso deve favorecer saldos positivos na conta de capitais do balanço de pagamentos.

Notamos que a definição de *spread* tem um significado específico no mercado internacional de títulos. Nesse mercado, o *spread* refere-se à diferença em pontos entre a rentabilidade de um papel e o título do Tesouro norte-americano de prazo equivalente. Por exemplo: um determinado risco-país do Brasil em 320 pontos base corresponde a 3,20% acima do título de 30 anos do Tesouro norte-americano.

Porém deve-se levar em conta que, hoje em dia, existe perfeita mobilidade de capitais no Brasil, e o país encontra-se em uma economia globalizada. Logo, a formação da taxa de juros interna tem que, no mínimo, oferecer a mesma rentabilidade das taxas internacionais para ser atrativa. Essa relação é determinada pela chamada "equação de paridade dos juros":

> Taxa interna = taxa internacional + expectativa de variação cambial + risco país

Do mesmo modo, caso a trajetória de crescimento do PIB seja favorável, é possível que o país se torne atrativo para o capital estrangeiro produtivo, o investimento estrangeiro direto, o que também tende a gerar saldos positivos sobre a conta de capitais. Mas esses ingressos de capitais produtivos serão tão maiores quanto mais estiver crescendo a economia mundial, gerando recursos excedentes no exterior que podem ser aplicados no país e ingressam na forma de poupança externa.

Agora, vejamos o que acontece com as transações correntes nesse mesmo cenário de fortes ingressos de capitais estrangeiros. O aumento da oferta de moeda estrangeira, como todo aumento de oferta, pressiona no sentido da queda da cotação cambial. Mas com o câmbio em queda, as importações tornam-se cada vez mais baratas em moeda local, estimulando as compras no exterior. Do mesmo modo, viajar para fora do país começa a se tornar mais barato, incentivando o turismo internacional em lugar do turismo local. Do mesmo modo, a baixa do câmbio faz com que o faturamento dos exportadores em moeda local se reduza. Para cada dólar norte-americado exportado, eles passam a receber menores volumes de moeda local. Isso inibe as exportações e, como resultado, tende a gerar déficits nas transações correntes.

Uma força que poderia evitar esse desequilíbrio nas transações correntes seria o crescimento da economia mundial. Nesse caso, os exportadores poderiam continuar estimulados a mandar seus produtos para o exterior, compensando a menor receita em moeda local com o volume exportado.

Esse cenário ilustra bem a relação típica entre juros e câmbio e sua influência sobre os dois grandes blocos do balanço de pagamentos. A figura anterior permite visualizar essa relação. A elevação das taxas de juros muito acima das taxas internacionais tende a atrair capitais estrangeiros, derrubando a taxa de câmbio em razão do excesso de oferta no mercado de moeda estrangeira. Assim, em resumo, dada a taxa de juros internacional, notamos que existe uma relação inversa entre a taxa de juros doméstica e a taxa de câmbio.

Figura 16
RELAÇÃO ENTRE JUROS E CÂMBIO EM UMA ECONOMIA ABERTA

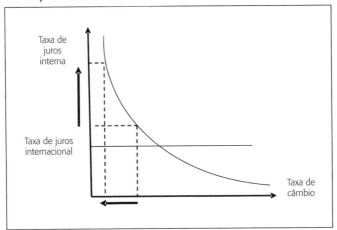

Fonte: Ramos e Gonçalves (2008:93).

Mas é relevante destacar que essa relação fundamental entre juros e câmbio pode se alterar por influência de outras variáveis. Por exemplo: uma crise internacional que gerasse saída de capitais estrangeiros do país resultaria em escassez no mercado cambial, elevando a taxa de câmbio ainda que a taxa de juros permanecesse inalterada. O mesmo ocorre quando se eleva o chamado risco país em razão, por exemplo, de incertezas eleitorais. Esse processo é mostrado na figura 17.

A seta na parte superior da figura mostra o deslocamento da relação entre juros e câmbio de $J - C_1$ para $J - C_2$, o que pode se dar em função do aumento da percepção de risco pelos investidores internacionais, seja por conta de uma crise internacional, seja por conta de fatores políticos domésticos. No eixo horizontal, podemos notar o efeito de elevação na taxa de câmbio. Isso ocorre em razão da saída de capitais estrangeiros, uma vez que a taxa de juros interna (linha pontilhada horizontal) não se alternou e deixou de compensar os riscos dos não residentes de manterem seus recursos aplicados no país.

Figura 17
RELAÇÃO ENTRE JUROS E CÂMBIO EM UMA ECONOMIA ABERTA:
EFEITOS DE UMA PIORA NA PERCEPÇÃO DE RISCO DECORRENTE, POR
EXEMPLO, DE UMA CRISE EXTERNA

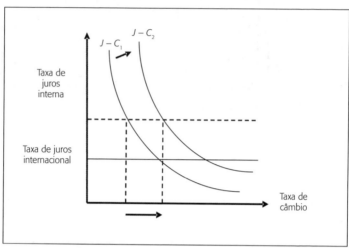

Fonte: adaptado de Ramos e Gonçalves (2008:93).

Algo semelhante acontece quando a demanda agregada cresce rapidamente, elevando o PIB real de maneira abrupta. Como os itens importados são parte da demanda doméstica, as importações tendem a acompanhar o movimento expansivo do PIB. Com isso, mesmo que os juros domésticos permaneçam inalterados, começa a haver alguma escassez de moeda estrangeira, elevando a taxa de câmbio.

E, como vimos no capítulo 4, o crescimento muito rápido da demanda agregada, típico da fase expansionista do ciclo econômico, pode ser resultado da gestão macroeconômica, isto é, de medidas no âmbito das políticas fiscal e monetária. Isso demonstra com clareza as inter-relações entre esses três campos da política econômica: o fiscal, o monetário e o cambial.

No entanto, muito embora a relação entre juros e câmbio mostrada nas figuras 16 e 17 seja uma referência, os efeitos concretos sobre a taxa de câmbio dependem do regime cambial adotado em cada país, assunto que passamos a explorar na próxima seção.

Regimes cambiais

Numa primeira aproximação, que iremos aprofundar na seção seguinte, podemos dizer que a taxa de câmbio nominal nada mais é do que o preço de uma unidade de moeda estrangeira em vigor no mercado nacional. E, como todo preço, a taxa de câmbio está sujeita a flutuações decorrentes de alterações em sua oferta ou em sua demanda.

Assim, como já vimos no capítulo 2, caso haja excesso de oferta, decorrência de maiores ingressos de moeda estrangeira no país, o preço (taxa de câmbio) tende a cair e, portanto, a moeda nacional tende à valorização frente à moeda estrangeira. Normalmente, essas oscilações se referem ao preço do dólar norte-americano, a moeda mais utilizada nas transações internacionais.

Em sentido oposto, caso exista excesso de demanda, decorrência da grande procura por moeda estrangeira no mercado doméstico, o preço (taxa de câmbio) tende a subir e, portanto, ocorre a desvalorização da moeda nacional frente à estrangeira.

A questão que se coloca é: o Banco Central pode ou não intervir no sentido de influenciar essas variações na taxa de câmbio? A resposta, leitor, é: depende do regime cambial adotado no país.

> O regime cambial de um país constitui a regra básica de atuação do Banco Central no mercado de câmbio e define os limites e o *modus operandi* dessa atuação.

Existem basicamente dois tipos gerais de regimes cambiais extremos:

❑ o regime de *câmbio flutuante*;
❑ o regime de *câmbio fixo*.[1]

Por sua vez, o regime de câmbio flutuante se subdivide em duas modalidades:

❑ a *flutuação pura*;
❑ a *flutuação administrada* (*dirty floating*, isto é, flutuação "suja").

No regime de flutuação pura, o Banco Central do país é terminantemente proibido de realizar qualquer intervenção no sentido de influenciar o comportamento da taxa de câmbio. Esse é o caso da União Europeia, onde o Banco Central Europeu (BCE) não pode atuar no mercado de moeda estrangeira.

No outro extremo, temos o regime de câmbio fixo, adotado na China. Nesse, o Banco Central atua continuamente, vigiando as flutuações de oferta e demanda no mercado cambial no sentido de impedir qualquer flutuação.

Já o regime de flutuação administrada, em vigor no Brasil desde 1999, permite que o Banco Central intervenha no mercado de divisas. Mas essas intervenções não visam a nenhum patamar específico. O único objetivo do Banco Central nesse regime é evitar flutuações muito abruptas da taxa de câmbio. Isso reduz o risco de todos os agentes econômicos, residentes ou não residentes, que detenham valores a pagar ou a receber denominados em moeda estrangeira.

A rigor, o regime de câmbio fixo também possui uma variante. É o chamado *crawling peg*, regime no qual o Banco Cen-

---

[1] Uma variante do câmbio fixo, já em desuso, foi praticada no Brasil entre 1995 e 1999. Referimo-nos às chamadas "bandas cambiais". Nesse regime, o Banco Central permite que a taxa de câmbio flutue livremente, porém dentro de certas faixas ou bandas por ele previamente estabelecidas, as quais podem ser alteradas progressivamente ao longo do tempo.

tral atua no mercado de divisas estrangeiras para que, no final de cada mês, a desvalorização da moeda nacional em relação ao dólar norte-americano, por exemplo, acompanhe o diferencial entre a inflação externa e a inflação doméstica. Esse sistema foi bastante utilizado, no Brasil, entre 1960 e 1994, quando foi substituído pelo sistema de bandas cambiais, o qual vigorou até o início de 1999. A partir de então, adotou-se o regime de flutuação suja, que hoje é utilizado pela maioria dos países.

Vale notar que o regime de pura flutuação é de difícil adoção em países emergentes. Isso porque a taxa de câmbio passa a flutuar livremente por força dos movimentos de oferta e demanda, o que pode gerar grandes flutuações, elevando o risco das transações realizadas em moeda estrangeira.

Por sua vez, o regime de câmbio fixo exige que o Banco Central tenha sempre um volume expressivo de divisas. Isso porque, caso haja grande demanda por moeda estrangeira, o Banco Central será obrigado a vender divisas à paridade fixada e atender a toda a demanda, sem permitir a alta da cotação.

Por conta dessas peculiaridades, o regime de flutuação administrada ou flutuação "suja" é o mais adotado no mundo atualmente.

O caso do regime cambial brasileiro atual

Como vimos, o regime de "flutuação suja" tem a flutuação como regra e a possibilidade de intervenção do Banco Central como exceção. O objetivo é minimizar os riscos de todos os que se envolvem com os negócios internacionais, sejam residentes ou não residentes. Considerando o ambiente econômico internacional cada vez mais instável e a necessidade das economias emergentes de ampliarem seu grau de internacionalização, é fácil compreender por que esse é o regime mais adotado hoje em todo o mundo.

Para ilustrar os riscos que podem resultar de variações cambiais abruptas, imagine uma empresa que está analisando duas alternativas para a aquisição de um maquinário: comprá-lo no Brasil, mediante um contrato expresso em nossa moeda, ou importá-lo, assumindo um compromisso em dólares americanos. Agora suponha que, com a taxa de câmbio a, digamos, R$ 2,00 por dólar, a máquina importada seja mais barata que a comprada no mercado nacional. Agora, vamos imaginar que, confiando na estabilidade da taxa de câmbio, a empresa opte pela importação, obtendo um prazo razoável de 90 dias para liquidar o pagamento. Nesse meio-tempo, uma crise internacional provoca forte saída de investidores estrangeiros do Brasil, e a elevada procura por dólares eleva a taxa cambial.

Se o regime fosse de livre flutuação, como na Europa, o Banco Central brasileiro estaria impedido de fazer qualquer intervenção. Com isso, imagine que a taxa de câmbio chegasse em poucos dias ao patamar de R$ 2,50 e permanecesse nesse nível por meses. Nosso importador brasileiro teria tido um aumento instantâneo de 25% no valor em reais de sua dívida de curto prazo. E não haveria muito a fazer. Embora existam alternativas de proteção no sistema financeiro, os chamados contratos de *hedge* cambial, estes se tornam muito caros em momentos de crise e podem ser uma alternativa tão ruim quanto comprar os dólares ao preço mais elevado.

Mas se o regime fosse de câmbio administrado, o Banco Central poderia intervir no sentido de evitar essa flutuação brusca, dilatando o tempo de ajustamento da taxa cambial. No caso de uma fuga repentina de capitais, o BC utilizaria as reservas internacionais, que seriam vendidas em larga escala a preços progressivamente mais elevados. Por conta disso, a taxa de câmbio começaria a subir, sim, mas lentamente, dando tempo aos agentes econômicos que têm dívidas em moeda estrangeira de se reposicionar, minimizando seu prejuízo. A empresa de nosso exemplo teria, desse modo, tempo de antecipar a compra dos dólares a uma taxa um pouco mais favorável, desembolsando menos reais para quitar a dívida com o fornecedor estrangeiro. No entanto, como a lógica do regime de flutuação administrada não passa pela fixação do câmbio, mas apenas por sua estabilização relativa, sabemos que o Banco Central não evitaria a alta, mas iria apenas retardá-la. Assim, prevendo que a intervenção do Banco Central seria apenas temporária, essa empresa certamente começaria a procurar fornecedores locais caso imaginasse que o patamar mais elevado da taxa de câmbio teria vindo para ficar.

Algo semelhante acontece nos momentos de forte queda na taxa de câmbio, quando grandes ingressos de moeda estrangeira pressionam a cotação da moeda estrangeira para baixo. Se o regime é de flutuação administrada, como no Brasil, o Banco Central atua comprando moeda estrangeira em larga escala, mas de forma pontual, a fim de evitar a queda repentina. Mais uma vez, a política cambial é gerida no sentido de minimizar perdas. Nesse caso, quem poderia se beneficiar seriam as empresas exportadoras. Imagine, leitor, que uma dessas empresas estivesse prestes a fechar um contrato de exportação. Ao notar que o Banco Central está mantendo o câmbio por algum tempo, seus administradores saberiam que a tendência de queda está sendo contida apenas momentaneamente e, portanto, que é necessário rever suas projeções de faturamento em reais. Isso porque as intervenções nesse regime são apenas temporárias e, se a taxa de câmbio tiver que cair, o único objetivo do Banco Central é administrar o *timing* dessa baixa.

Assim, apesar do nome pejorativo de "flutuação suja", o regime de flutuação administrada dá maior previsibilidade ao comportamento da taxa de câmbio sem que o Banco Central tente impor níveis artificiais para essa taxa. Em resumo, são as forças de mercado que operam no longo prazo, e o Banco Central apenas policia e administra a flutuação no dia a dia.

Adotado oficialmente no Brasil em janeiro de 1999, esse regime tem passado por duras provas por conta da instabilidade internacional. O Banco Central foi obrigado a intervir continuamente e, em alguns momentos, como em 2002 e em 2008, não conseguiu evitar fortes oscilações da taxa de câmbio. A figura 18 mostra o comportamento da taxa de câmbio entre o real e o dólar norte-americano, bem como a evolução das reservas internacionais do Banco Central do Brasil nos anos recentes.

Figura 18
TAXA DE CÂMBIO NOMINAL REAL/DÓLAR (LINHA) E RESERVAS
INTERNACIONAIS DO BANCO CENTRAL DO BRASIL (BARRAS)
(JUL. 2002 / MAIO 2012)

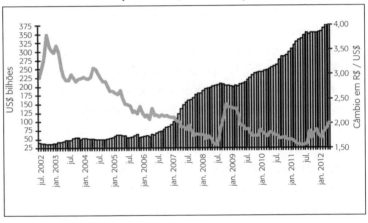

Fonte: Boletim do Banco Central do Brasil, maio 2012. Disponível em: <www.bcb.gov.br>.
Acesso em: 2 jul. 2012.

Mas é interessante notar como esse regime, cuja lógica é tão simples, muitas vezes é malcompreendido por alguns analistas. Um bom exemplo ocorreu em 2003. Os grandes ingressos de moeda estrangeira que ocorreram no Brasil ao longo daquele ano – tanto por conta das exportações quanto pelo retorno dos fluxos de capital estrangeiro – provocaram a rápida redução da taxa de câmbio. Seguindo a lógica do regime, o Banco Central passou a intervir, evitando uma queda ainda mais brusca. Alguém que não compreendesse a lógica do regime de flutuação administrada poderia imaginar que o Banco Central estava tentando estabelecer um piso para a taxa cambial. No entanto, dias depois, cessadas as intervenções, a taxa de câmbio voltou a cair de forma espontânea. Mas essa é exatamente a lógica do regime: a flutuação é a regra e a intervenção do Banco Central, a exceção. O papel do BC como gestor do regime foi cumprido, espaçando o movimento da taxa cambial para que os agentes tivessem mais tempo para agir e se proteger da queda.

Taxa de câmbio: nominal e real

Os regimes cambiais de que tratamos nas seções anteriores têm como foco a chamada taxa nominal. Mas esse não é o único conceito de taxa de câmbio.

As transações entre residentes e não residentes são realizadas em moedas de referência internacional, basicamente dólar norte-americano, mas também em euros, libras esterlinas e ienes. Daí a importância de existirem mercados organizados para a troca dessas moedas em cada país. Alguns exemplos são ilustrativos das operações que ocorrem no mercado de divisas:

❏ os importadores precisam de dólares norte-americanos para liquidar suas compras feitas junto a fornecedores no exterior, assim como os exportadores precisam trocar os dólares norte-americanos recebidos por conta de suas vendas ao exterior por moeda doméstica;
❏ os turistas estrangeiros necessitam converter sua própria moeda nacional em moeda local no país que estão visitando sempre que sua moeda não for aceita nesse país.

Essas transações entre moedas envolvem o conceito de taxa de câmbio nominal, visto brevemente na seção que trata dos determinantes das relações comerciais e financeiras. Vamos voltar a esse tema com mais detalhes.

A taxa de câmbio nominal, que representaremos por "e", expressa o preço de uma unidade de moeda estrangeira em termos da moeda local. Assim, por exemplo, a taxa de câmbio do real (R\$) em relação ao dólar norte-americano (US\$) indica qual é o preço, em reais, de US\$ 1,00.

$$e = \frac{R\$}{US\$}$$

Por sua vez, a taxa de câmbio real, que representaremos por "r", expressa um ajuste da taxa de câmbio nominal mediante a inclusão das taxas de inflação interna e externa. A inflação interna tende a encarecer os produtos nacionais, tornando-os desvantajosos em relação aos importados. Já a inflação externa tende a encarecer os produtos importados, tornando os produtos nacionais mais atrativos. Assim, a taxa de câmbio real pode ser expressa como:

$$r = e \times \frac{P^*}{P}$$

onde:
r = taxa de câmbio real;
e = taxa de câmbio nominal;
P^* = índice de preços do país estrangeiro;
P = índice de preços no mercado nacional.

É importante observar que o índice de preços do país estrangeiro deve ficar no numerador, pois somente podemos comparar unidades iguais, e a taxa de câmbio é expressa em unidades de moeda nacional por unidade de moeda estrangeira.

Os movimentos das taxas de câmbio nominal e real devem ser interpretados da seguinte forma:

❏ *desvalorização cambial*: representa elevação da taxa cambial, ou seja, a moeda estrangeira se torna mais cara quando expressa na moeda nacional. Assim, por exemplo, a depreciação do real em relação ao dólar norte-americano significa que serão necessários mais reais para comprar a mesma unidade de dólar norte-americano;

❏ *apreciação cambial*: representa queda da taxa cambial, ou seja, a moeda estrangeira se torna mais barata em nosso mercado. Portanto, como exemplo, a apreciação do real em relação ao dólar norte-americano significa que serão necessários menos recursos monetários de reais para comprar a mesma unidade de dólar norte-americano.

Alguns exemplos podem ajudar a ilustrar esses movimentos.

Exemplo 1 – Taxa de câmbio nominal nos períodos 1 e 2.

| e1 / US$ 1,00 = R$ 2,00 |
| e2 / US$ 1,00 = R$ 2,20 |

⇒ Depreciação cambial da moeda doméstica

Receita de exportação: US$ 10.000,00
Receita de exportação em R$ no período 1 = US$ 10.000,00 × R$ 2,0 = R$ 20.000,00.
Receita de exportação em R$ no período 2 = US$ 10.000,00 × R$ 2,20 = R$ 22.000,00.

A depreciação cambial aumenta o poder de compra do exportador, ao mesmo tempo que encarece a despesa com importações em termos de moeda doméstica. Portanto, uma elevação da taxa de câmbio estimula as exportações e desestimula as importações.

Considere agora as seguintes taxas cambiais:

e1 / US$ 1,00 = R$ 2,10

e2 / US$ 1,00 = R$ 1,85

⇒ Apreciação cambial da moeda doméstica

Receita de exportação: US$ 10.000,00.
Receita de exportação em R$ no período 1 = US$ 10.000,00 × R$ 2,10 = R$ 21.000,00.
Receita de exportação em R$ no período 2 = US$ 10.000,00 × R$ 1,85 = R$ 18.500,00.

A apreciação cambial reduz o poder de compra do exportador, ao mesmo tempo que reduz a despesa com importações em termos de moeda doméstica. Portanto, uma redução da taxa de câmbio desestimula as exportações e incentiva as importações.

Exemplo 2: Taxa de câmbio real nos períodos 1 e 2.

e_1 / US$ 1,00 = R$ 2,20

e_2 / US$ 1,00 = R$ 2,30

⇒ Depreciação cambial da moeda doméstica

Inflação interna = 8,5%.
Inflação externa (Estados Unidos) = 2%.
Considerando:

$$r = e \times \frac{P^*}{P}$$

$$r = R\$\ 2,30 \times \frac{1,02}{1,085} = R\$\ 2,16.$$

Observe, leitor, que no exemplo 2 houve depreciação cambial em termos nominais, uma vez que a taxa de câmbio passou de 2,20 para 2,30 unidades de moeda nacional por dólar. Em princípio, esse movimento estimula as exportações e desestimula as importações. No entanto, em termos reais, houve valorização cambial de 1,82%, {((2,16/2,20) – 1) × 100}. Isso significa que a alta da taxa nominal não compensou o maior aumento de preços no mercado interno. Esse resultado reduz a competitividade da produção nacional frente à externa e, portanto, desestimula as exportações e incentiva as importações. Portanto, é a taxa de câmbio real o fator decisivo para definir o preço relativo entre bens nacionais e importados e, portanto, esse é um elemento que afeta de forma direta as transações de bens entre residentes e não residentes.

Por sua vez, como vimos, as transações financeiras são afetadas por diferenciais de taxas de juros, disposição e percepção quanto ao risco e expectativas de desvalorização do câmbio nominal.

Além da padronização das regras contábeis relativas ao balanço de pagamentos, as normas do comércio internacional também exigem atenção no sentido de disciplinar as relações econômicas entre os países. Esse foi o principal fator a motivar a criação de organismos internacionais como a OMC – assunto da próxima seção.

Acordos de comércio internacional e a Organização Mundial do Comércio (OMC)

Os acordos comerciais que envolvem apenas dois países são denominados comércio bilateral. Mas, por conta do maior acesso a diferentes mercados, produtos e parceiros, as trocas entre dois países geralmente se mostram menos vantajosas do que as trocas multilaterais, com vários países negociando simultaneamente.

Um exemplo ajuda a ilustrar o argumento. Imaginemos que o Kuwait forneça petróleo para a Coreia do Sul. Esta produz carros, mas o Kuwait está interessado em comprar soja. A troca entre os dois países será facilitada com a entrada na negociação do Brasil, que produz soja e está interessado nos carros coreanos.

O Gatt

O Gatt foi criado em 1947, visando promover o multilateralismo e estabelecendo regras de conduta para o comércio internacional.

As principais regras foram:

- *reciprocidade*: se um país baixasse as tarifas podia esperar que os outros países do Gatt fizessem o mesmo;
- *não discriminação*: nenhum membro do Gatt podia oferecer acordos que favorecessem somente um ou alguns países;
- *transparência*: cotas ou barreiras não tarifárias deveriam ser substituídas por tarifas, cujo impacto é mais visível;
- *veto aos subsídios*: os países signatários do Gatt não podem subsidiar exportações, exceto para produtos agrícolas. Esta exceção foi defendida originalmente pelos Estados Unidos, mas é utilizada nos dias de hoje principalmente pela União Europeia (Stiglitz e Walsh, 2003).

Os países signatários do Gatt, entre os quais se inclui o Brasil, costumavam se reunir periodicamente em rodadas de negociação visando à diminuição de barreiras ao comércio. Tais rodadas tomavam o nome da cidade ou país do primeiro encontro. A Rodada de Punta del Leste, ou do Uruguai (1986), é um divisor de águas na evolução do comércio internacional. Foram nada menos de sete anos de negociações difíceis. Entre diversos pontos importantes desta rodada podemos citar:

❏ *a liberalização do comércio em dois setores muito importantes para os países em desenvolvimento: agricultura e vestuário* – uma queixa procedente dos críticos do livre-comércio é que este favoreceu os países industrializados em detrimento dos em desenvolvimento, visto que as tarifas sobre produtos industrializados caíram enquanto os subsídios de países ricos a sua agricultura e barreiras a roupas importadas foram mantidos. O documento final da Rodada do Uruguai, assinado em 1994, estabelecia uma redução gradual de tais benefícios e barreiras. A realidade mostra que esses avanços aconteceram parcialmente. Um exemplo é o subsídio agrícola em alguns países europeus que, apesar de ter sofrido alguma redução, continua elevado;

❏ *foi criada uma nova instituição denominada Organização Mundial do Comércio (OMC)* – uma importante diferença entre a OMC e o Gatt é que aquela possui instrumentos para impor suas resoluções aos membros signatários. Um país que se sinta prejudicado no seu comércio por políticas protecionistas que contrariem as resoluções da OMC pode entrar com uma queixa contra o país protecionista na instituição, requerendo um julgamento. Caso tal queixa seja considerada procedente, o país queixoso poderá exercer retaliações comerciais nos valores estipulados na sentença. Os setores que sofrem as retaliações são escolhidos pelo seu peso político, visando a um acordo satisfatório.

Um caso importante para o Brasil foi a vitória na OMC contra os subsídios concedidos pelos EUA ao setor de algodão.

As negociações multilaterais nas rodadas da OMC tendem a contrabalançar o poder político de setores que buscam protecionismo nos seus mercados. Assim como o setor produtor de suco de laranja norte-americano gostaria de obter proteção contra a concorrência de suco oriundo do Brasil, o setor exportador de serviços dos EUA sabe que se o suco brasileiro for, mesmo que parcialmente, barrado no mercado americano, os serviços terão dificuldades de entrar no mercado brasileiro. Os setores exportadores dos países têm consciência de que o protecionismo faz com que seus mercados encolham. Para aferir seu grau de compreensão do conteúdo apresentado neste capítulo, você, leitor, poderá fazer uso dos exercícios de revisão a seguir.

Resumo

Como você pôde ver, leitor, o balanço de pagamentos é um dos instrumentos mais valiosos para a correta compreensão e o monitoramento das relações econômicas de um país com o exterior. Sua lógica contábil é organizada e rigorosa, permitindo que as diferentes transações com o estrangeiro sejam não só registradas, mas também analisadas.

As contas do balanço de pagamentos, amplamente divulgadas na imprensa mensalmente, merecem nossa atenção e também são monitoradas pelos governos, oferecendo subsídios para a gestão macroeconômica e a adoção de eventuais medidas corretivas.

Não apenas os fluxos de comércio, mas também o turismo internacional e os movimentos de capitais são mostrados, todos os meses, em sua dimensão, dinâmica e importância.

Exercícios de revisão

Exercício 1

Explique de que forma a redução da atividade econômica (queda das taxas reais do PIB) afeta as contas de capital e financeira do balanço de pagamentos, sobretudo os fluxos de IDE (investimentos diretos estrangeiros).

Exercício 2

As atividades financeiras e comerciais entre países resultam em movimentos de oferta e de demanda de divisas estrangeiras (dólar norte-americano, por exemplo), nas contas externas dos países. Observe as colunas 1 e 2 a seguir e numere a coluna 2 de acordo com o conteúdo da 1, assinalando a sequência correta:

Coluna 1	Coluna 2
(1) Oferta de divisas estrangeiras	( ) exportações de calçados
(2) Demanda por divisas estrangeiras	( ) importações de petróleo
	( ) remessas de lucros e dividendos
	( ) investimentos de empresas brasileiras no exterior
	( ) fluxos de ingresso de financiamentos estrangeiros no país

Exercício 3

Imagine que a taxa de câmbio R$/US$ = 1,95 sofreu uma desvalorização de 6% em 12 meses. No mesmo período, a inflação no Brasil registrou 7,45% e a dos Estados Unidos da América (EUA) ficou em 1%. Calcule a taxa de câmbio real e comente o resultado.

Conclusão

Ao final deste livro, nós, autores, acreditamos ter oferecido a você, leitor, a oportunidade de realizar um percurso de aprendizagem a um só tempo amplo e consistente. Nossa preocupação constante foi mostrar a relevância e a atualidade da discussão, bem como muni-lo das principais ferramentas de análise da economia internacional.

Mas um dos aspectos mais interessantes notado com clareza pelos autores foi que o exercício da escrita deste livro foi, em si, a prova da relevância de seu conteúdo na vida prática. É claro que não fizemos trocas nos mercados internacionais, nem deslocamos horas de trabalho da produção de um bem para outro. Ainda assim, colocamos em prática, durante o processo criativo, os mesmos conceitos que povoaram as páginas que você acaba de ler. Vejamos como isso se deu. Reflita você mesmo, leitor, e veja como a economia é uma fascinante ciência aplicada.

Desde o início, a tarefa de dar vida a um livro didático não é fácil. Os autores estão a todo o tempo se deparando, na prática, com o conceito econômico da escassez e com a necessidade de alocar um recurso escasso – em nosso caso, o espaço necessariamente limitado da obra – entre fins alternativos, isto é, a abordagem dos muitos temas relacionados com os negócios internacionais.

Durante alguns meses, cada um dos autores desta obra fez um esforço dedicado para explorar suas vantagens comparativas, concentrando-se nos elementos com os quais se sentia mais seguro. Mas, bem ao contrário de certas práticas protecionistas, nossa equipe atuou como participante de um jogo cooperativo no qual todos ganharam, tanto em termos de experiência profissional quanto de vida.

Nossa esperança, agora, é poder compartilhar os ganhos que tivemos, estendendo as trocas com cada um de nossos leitores. Afinal, todos ganham com as trocas.

Nossa certeza é que, nos anos que virão, a vida de todos nós – consumidores, empresas, investidores, governos – será influenciada de forma crescente pelo que se passa em todas as partes do mundo. E, por conta disso, o estudo das relações econômicas internacionais será cada vez mais relevante para todos os que desejam se inserir de forma competitiva nos mercados. Nesse processo, pessoas e países que se fecharem às influências externas estarão condenando a si mesmos ao atraso.

Por outro lado, vimos ao longo do livro que economistas de renome e laureados têm defendido que a inserção econômica no cenário internacional está longe de ser algo passivo e pacífico. Por conta disso, é fundamental traçar estratégias conscientes e articuladas para essa inserção. Sempre haverá perdedores e ganhadores, é certo. E não há pessoa ou país que possa responder a esse desafio sem um capital essencial: o conhecimento. E foi precisamente nesse campo que nós, autores, procuramos dar nossa contribuição com o livro que oferecemos a você, leitor.

Desde os tempos de Adam Smith até os desafios do século XXI, em todas as circunstâncias, o conhecimento sempre foi a melhor arma para o sucesso de pessoas e de países, especialmente no âmbito dos negócios internacionais.

Referências

BANCO CENTRAL DO BRASIL. *Índices de preço no Brasil*. Brasília: Banco Central do Brasil/Diretoria de Política Econômica, 2010. Série Perguntas Mais Frequentes. Disponível em: <www.bcb.gov.br>. Acesso em: 9 out. 2011.

BANCO MUNDIAL. *World development indicators database*. Washington, DC, 2011. Disponível em: <www.worldbank.org>. Acesso em: 22 jul. 2012.

BANK OF ENGLAND. *State of the art of inflation targeting – 2012*. Handbook n. 29. Londres, 2012.

GONÇALVES, R. et al. *Cenários econômicos e tendências*. Rio de Janeiro: FGV, 2011.

GROSSMAN, G.; HELPMAN, E. Protection for sale. *American Economic Review*, v. 84, n. 4, p. 833-850, 1994.

KRUGMAN, P. *Rethinking international trade*. Cambridge, MA: MIT Press, 1994a.

_____. *Trade with Japan*. Boston: Boston University Press, 1994b.

_____; OBSTFELD, M. *Economia internacional*: teoria e política. São Paulo: Pearson Education do Brasil, 2001.

_____; WELLS, R. *Introdução à economia*. Rio de Janeiro: Elsevier, 2007.

MAGGI, G.; RODRIGUEZ-CLARE, A. Import penetration and the politics of trade protection. *Journal of International Economics*, v. 51, p. 287-304, 2000.

MANKIW, N. G. *Introdução à economia*. Rio de Janeiro: Elsevier, 2001.

RAMOS, A. P.; GONÇALVES, R. *Economia*: simples como deve ser. Santo André: Strong, 2008.

RICARDO, D. *Princípios de economia política e tributação*. São Paulo: Nova Cultural, 1988. (Coleção "Os Economistas". Edição original inglesa de 1817, revisada em 1819 e 1821.)

SMITH, A. *Uma investigação sobre a natureza e as causas da riqueza das nações*. São Paulo: Nova Cultural, 1988. (Coleção "Os Economistas". Edição original inglesa de 1776.)

STIGLITZ, E. J. *Globalization and its discontents*. Londres: Penguin, 2002.

_____; WALSH, E. C. *Introdução à microeconomia*. Rio de Janeiro: Campus, 2003.

TINBERGEN, J. *Shaping the world economy*. Nova York: The Twenty Century Fund, 1962.

Sites visitados

Instituto Brasileiro de Economia (FGV/Ibre). Disponível em: <www.fgv.br/Ibre>. Acesso em: 23 ago. 2012.

Ipeadata. Disponível em: <www.ipeadata.gov.br>. Acesso em: 9 jul. 2012.

Fundo Monetário Internacional (FMI). Disponível em: <www.imf.org>. Acesso em: 9 jul. 2012.

Apêndice – Respostas dos exercícios de revisão

Capítulo 1

Exercício 1

Os custos de oportunidade mensuram o custo de sacrificar a produção de certo bem ou serviço em detrimento de unidades adicionais de outro bem ou serviço. O custo de oportunidade mensura o melhor uso alternativo dos recursos de produção. Sendo assim, nas relações de comércio, o custo de oportunidade de cada país em produzir certo bem ou serviço pode ser avaliado pela quantidade de outro que o país poderia estar produzindo se alocasse os fatores de produção na fabricação daquele. Quanto menor for o custo de oportunidade, maior será a competitividade de uma empresa.

Exercício 2

Relembrando: os trabalhadores do país (A) colhem 2 mil toneladas de trigo em 10 horas e fabricam 2 mil unidades de celulares em 20 horas. Já os trabalhadores do país (B) colhem 2 mil toneladas de trigo em oito horas e fabricam 2 mil unidades de celulares em uma hora.

Para mensurar a vantagem absoluta de cada país devemos determinar o nível de produção dos trabalhadores em uma semana de trabalho (40 horas) em (A) e em (B). Para o país (A), em uma semana de trabalho têm-se 8 mil toneladas de trigo colhido e 4 mil unidades de celulares fabricados. Já para o país (B), têm-se 10 mil toneladas de trigo colhido e 80 mil unidades de celulares fabricados.

Note, leitor, que os trabalhadores do país (B) são muito mais produtivos que os do (A); logo, o país B tem maiores vantagens absolutas em relação ao país (A).

Para mensurar as vantagens comparativas entre os países devemos considerar o custo de oportunidade em alocar os trabalhadores na colheita de trigo em detrimento da fabricação de celulares e vice-versa.

Colheita de mil toneladas de trigo – em (A), para colher mil toneladas de trigo os trabalhadores despendem cinco horas (2.000/10 × 5); logo haverá queda na fabricação de 1.500 celulares (2.000/20 h = 100 celulares por uma hora × 5 h = 500 celulares. Logo, 2.000 – 500 = 1.500). Em (B), para colher mil toneladas de trigo os trabalhadores despendem quatro horas (2.000/8 h); logo haverá redução na fabricação de 8 mil celulares (2.000 por uma hora. Logo, 4 h × 2.000 = 8.000).

Fabricação de mil unidades de celulares: em (A), para a fabricação de mil celulares os trabalhadores despendem 10 horas (2.000/20 h); logo haverá redução de 2 mil toneladas na colheita de trigo (2.000/10 h). Em (B), para a fabricação de mil celulares os trabalhadores despendem apenas 30 minutos (2.000/1 h), logo deixam de colher apenas 125 toneladas de trigo (2.000/ 8 h = 250/1 h; em 30 minutos, 125).

Conclui-se que o país (A) deve especializar-se na produção e colheita de trigo e o (B) deve especializar-se na fabricação de celulares. Assim, ambos, maximizam suas vantagens comparativas.

Exercício 3

A adoção de medidas protecionistas, ao coibir as importações de certos bens e serviços, tende a afetar no médio e no longo prazos a demanda externa (exportações), a atividade econômica e tecnológica doméstica e, por conseguinte, a competitividade das empresas e o nível e qualificação do emprego. Dito de outra forma, se um país deixar de importar haverá, por parte de seus parceiros comerciais, retaliações nas aquisições de seus bens e serviços, levando à redução do emprego e da qualificação de sua mão de obra, bem como à queda de competitividade de suas empresas.

Capítulo 2

Exercício 1

A elasticidade-preço da demanda pode ser mensurada pela seguinte forma: (e^{PD}) = $\Delta\%Q/\Delta\%P$; $(6,25/100)/(25/100)$ = $0,0625/0,25 = 0,25$.

O coeficiente ficou em 0,25. Isso significa que para cada 1% de aumento no preço ocorrerá uma queda de apenas 0,25 nas quantidades importadas. Logo, a medida governamental não surtiu efeito considerável. As quantidades importadas caíram muito pouco e as despesas dos importadores continuaram altas. O mercado dessa peça específica enfrenta demanda inelástica, pouco sensível a aumentos de preços. A política protecionista adotada por esse governo mostrou-se pouco eficaz.

Exercício 2

Para o produto (A): um aumento de 6% de renda levou a um aumento de 8% nas importações. Logo, $(e^{RD}) = \Delta\%Q_A/\Delta\%R$; $(8/100)/(6/100) = 0,08/0,06 = +1,33$.

O produto (A) é um bem superior, uma vez que o valor do coeficiente (1,33) foi positivo. Ou seja, renda e demanda caminham na mesma direção. Aumentos de renda levaram a aumentos nas importações desse produto.

Para o produto (B): um aumento de 6% na renda levou a uma queda de 9% nas importações. Logo, $(e^{RD}) = \Delta\%Q_B/\Delta\%R$; $(-9/100)/(6/100) = -0,09/0,06 = -1,50$.

O produto (B) é um bem inferior, uma vez que o valor do coeficiente (1,50) foi negativo. Ou seja, renda e demanda caminham em direções opostas. Aumentos de renda levaram a quedas nas importações desse produto que, para a população, é considerado popular (inferior).

Exercício 3

Pela lei da oferta e da demanda, quem quer vender deseja elevar seus preços e quem deseja comprar quer preços baixos. O mercado ajusta os anseios dos compradores e dos vendedores, sendo o lócus de encontro desses dois agentes econômicos. Sendo assim, pelo gráfico a seguir podemos verificar que o equilíbrio de mercado ocorre quando a oferta intercepta a demanda, em p^* e q^*. Nesse ponto não há excesso e tampouco escassez de produtos.

Porém, se o preço subir de p^* para p_1 ocorrerá uma retração na demanda e um aumento nas quantidades ofertadas, gerando estoques elevados (excesso de oferta). Nesse caso, a empresa tenderá a procurar outros compradores, no caso, no mercado externo e, por conseguinte, a tendência será de aumento das exportações. Dessa forma, haverá reduções dos estoques excessivos e os preços tenderão a voltar para o equilíbrio, em p*.

Em oposto, caso o preço caia de p^* para p_2 haverá excesso de demanda, e com os estoques reduzidos haverá estímulos às importações. Reduzindo-se a pressão da demanda, os preços tenderão a voltar para o equilíbrio, em p*. Podemos concluir que o comércio internacional assume o papel importante de regulador de preços de mercado.

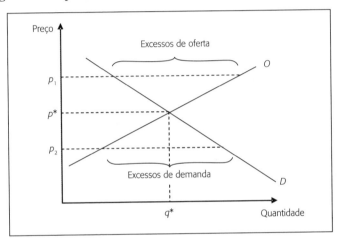

Capítulo 3

Exercício 1

O produto interno bruto (PIB) pela ótica de demanda agregada é representado pela seguinte equação: PIB = C_F + G + I_G + I + X − M.

Relembrando:

Itens	Valores (em milhões)
Consumo das famílias (C)	R$ 2.896.345
Investimentos governamentais (I_G)	R$ 641.798

Continua

Itens	Valores (em milhões)
Investimentos de empresas privadas estrangeiras (I_x)	US$ 369.853
Pagamento dos servidores públicos (Psp)	R$ 88.090
Outros gastos de custeio do governo (G)	R$ 148.750
Investimentos de empresas privadas nacionais (I)	R$ 450.030
Compra de ações por investidores estrangeiros (Ca)	US$ 3.975
Exportações totais (X)	US$ 871.100
Importações totais (M)	US$ 736.800

Considere uma taxa de câmbio de R$ = 1,87 por dólar para converter os valores expressos em moeda estrangeira.

Assim, o valor monetário em R$ do PIB será: 2.896.345 + 148.750 + 641.798 + (369.853 × 1,87) + 450.030 + (871.100 × 1,87) − (736.800 × 1,87) = R$ 5.079.689 milhões. A mensuração do grau de abertura comercial constitui-se do somatório das exportações e importações totais divididos pelo PIB, ou seja: X + M/PIB. Logo, (US$ 871.100 + US$ 736.800)/ (R$ 5.079.689/1,87) = US$ 1.607.900/US$ 2.716.411,23 = 59,2%. Esse país é considerado como tendo uma economia aberta para o comércio global, dado que a maior parte de sua demanda agregada é de origem externa.

Exercício 2

Para encontrarmos o valor do produto nacional bruto (PNB), devemos adotar a seguinte fórmula: PIB + RRE − REE = PNB.

Logo, US$ 2.488.220 + US$ 5.780 − US$ 39.970 = US$ 2.454.030 milhões. O PIB é maior que o PNB, o que ocorre em países com déficits de comércio de fatores de produção.

Exercício 3

O resultado da conta transações correntes, comércio total do país com o resto do mundo, depende de três determinantes, basicamente:

(a) crescimento econômico do país. A produção em alta e, por conseguinte, o nível de emprego e de renda demandam mais bens de consumo e de investimentos, levando a um aumento das importações;
(b) crescimento dos países ao redor do mundo. Pelas mesmas razões apontadas em (a), o aumento da produção, do emprego e da renda no mercado externo levam a um aumento das exportações de bens de consumo e de investimentos; e
(c) movimentos de (des)valorização da taxa de câmbio impactam diretamente o resultado das exportações e importações totais e, por decorrência, o resultado da conta transações correntes do balanço de pagamentos.

Capítulo 4

Exercício 1

Quando o Banco Central do Brasil (BCB) reduz a taxa básica de juros (Selic – Sistema Especial de Liquidação e Custódia), o impacto imediato é o de alívio nas finanças públicas. Isso ocorre porque a taxa de juros Selic incide sobre o serviço da dívida pública. Assim, a redução da taxa de juros leva, necessariamente, a uma queda no serviço da dívida – pagamento dos juros –, representado pela variável (J).

Exercício 2

Políticas fiscais e monetárias frouxas resultam em maiores gastos públicos e consumo para a população, uma vez que o aumento de liquidez eleva a oferta de crédito. O impacto será o crescimento do PIB, porém com tendência inflacionária. Isso porque os investimentos produtivos não aumentarão proporcionalmente ao crescimento da demanda doméstica. A taxa de câmbio (R$/US$, por exemplo) tenderá a valorizar-se com a inflação e, por decorrência, as importações crescerão, levando a possíveis déficits comerciais.

Exercício 3

A medida oficial de inflação do país é o índice de preços ao consumidor amplo (IPCA), publicado pelo IBGE. A escolha decorreu de sua abrangência (famílias com renda de até 40 salários mínimos e coleta de preços em 11 regiões metropolitanas do país). A amplitude de bens e serviços contemplados na cesta do IPCA minimiza aumentos bruscos de preços, o que o torna um dos indicadores de inflação menos voláteis.

Capítulo 5

Exercício 1

A conta de capital e financeira do balanço de pagamentos registra os fluxos de entradas e de saídas dos capitais estrangeiros, e os investimentos diretos estrangeiros (IDEs) constituem um desses capitais. Quando há crise nas principais economias mundiais, as empresas transnacionais ficam menos dispostas à realização de investimentos produtivos em outros países. Assim, os fluxos de ingresso de capitais diminuem, afetando diretamente o resultado das contas de capital e financeira e, por conseguinte, o saldo final do balanço de pagamentos. Esse saldo, por sua vez, tende a impactar diretamente os níveis de reservas internacionais do país.

Exercício 2

Relembrando: numere a coluna 2 de acordo com o conteúdo da coluna 1, assinalando a sequência correta:

Coluna 1	Coluna 2
(1) Oferta de divisas estrangeiras	(1) exportações de calçados
(2) Demanda por divisas estrangeiras	(2) importações de petróleo
	(2) remessas de lucros e dividendos
	(2) investimentos de empresas brasileiras no exterior
	(1) fluxos de ingresso de financiamentos estrangeiros no país

Constituem oferta de divisas estrangeiras para o país as exportações de calçados e os fluxos de financiamentos estrangeiros no país. Constituem demanda por divisas estrangeiras no país as importações de petróleo, as remessas de lucros e dividendos e os investimentos de empresas brasileiras no exterior. Portanto, a sequência correta é: (1) (2) (2) (2) (1).

Exercício 3

Com a desvalorização cambial de 6%, a taxa de câmbio nominal R$/US$ = 1,95 passou para 2,067.

Com a inflação nos EUA de 1% e no Brasil de 7,45%, a taxa de câmbio real será de: 2,067 × (1,01/1,0745) = 1,94.

Em termos nominais houve uma desvalorização cambial que tende a melhorar as receitas de exportações. Contudo, em termos reais, ocorreu uma valorização cambial de 0,51% = {((1,94 / 1,95) − 1) × 100}, que desestimula as exportações e estimula as importações. Com isso, os fluxos de comércio são afetados.

Os autores

Robson Ribeiro Gonçalves

Mestre em economia pela Universidade Estadual de Campinas e graduado em economia pela Universidade de São Paulo. Consultor de empresas públicas e privadas na FGV Projetos. Coautor dos livros *Economia empresarial* (Série Gestão Empresarial), *Cenários econômicos e tendências* (Série Gestão Estratégica de Negócios) e *Economia: simples como deve* ser. Foi técnico do Banco Central do Brasil e pesquisador do Instituto de Pesquisa Econômica Aplicada (Ipea). É professor convidado do FGV Management.

Mario Rubens de Mello Neto

Mestre em economia pela Universidade Federal Fluminense (UFF). Graduado em economia pela mesma universidade. Foi pesquisador do Instituto de Pesquisa Econômica Aplicada (Ipea) e professor da UFF. Autor de várias pesquisas, trabalhos e artigos publicados no Brasil e no exterior. É professor convidado do FGV Management.

Nora Raquel Zygielszyper

Mestre em economia pela Pontifícia Universidade Católica do Rio de Janeiro (PUC-Rio), onde também obteve bacharelado em engenharia elétrica, com especialização em sistemas. Consultora de empresas públicas e privadas. Coautora do livro *Economia empresarial* (Série Gestão Empresarial). Professora convidada do FGV Management.

Virene Roxo Matesco

Doutora em economia pela Universidade Federal do Rio de Janeiro (UFRJ) e mestre em economia para Universidade de Brasília (UnB). Ex-diretora e membro do Conselho da Sociedade Brasileira de Estudos de Empresas Transnacionais e da Globalização Econômica (Sobeet) e professora emérita da Escola de Comando e Estado-Maior do Exército (Eceme). Foi pesquisadora do Instituto de Pesquisa Econômica Aplicada (Ipea) e colaboradora da revista *Conjuntura Econômica*, do Ibre/Fundação Getulio Vargas. É autora de várias pesquisas, trabalhos e artigos publicados no Brasil e no exterior e coautora de vários livros de economia e temas correlatos. Palestrante e consultora de empresas. É professora convidada do FGV Management.

Este livro foi impresso nas oficinas gráficas da Editora Vozes Ltda.,
Rua Frei Luís, 100 – Petrópolis, RJ.